中华先贤人物故事汇

黄宗羲

胡　辉　著

中华书局

图书在版编目(CIP)数据

黄宗羲/胡辉著. —北京:中华书局,2023.5
(中华先贤人物故事汇)
ISBN 978-7-101-16029-1

Ⅰ.黄… Ⅱ.胡… Ⅲ.黄宗羲(1610～1695)–生平事迹
Ⅳ.B249.3

中国版本图书馆 CIP 数据核字(2022)第 234102 号

书　　名	黄宗羲	
著　　者	胡　辉	
丛 书 名	中华先贤人物故事汇	
责任编辑	徐卫东　董邦冠	
责任印制	管　斌	
出版发行	中华书局	
	(北京市丰台区太平桥西里 38 号　100073)	
	http://www.zhbc.com.cn	
	E-mail:zhbc@zhbc.com.cn	
印　　刷	三河市宏达印刷有限公司	
版　　次	2023 年 5 月第 1 版	
	2023 年 5 月第 1 次印刷	
规　　格	开本/787×1092 毫米　1/32	
	印张 5½　插页 2　字数 60 千字	
印　　数	1-3000 册	
国际书号	ISBN 978-7-101-16029-1	
定　　价	22.00 元	

出版说明

　　孔子周游列国，创立儒家学说；张骞出使西域，开辟丝绸之路；书圣王羲之，留下了曲水流觞的佳话；诗仙李白，写下了"举头望明月，低头思故乡"的名篇；王安石为纠正时弊，推行变法；李时珍广集博采，躬亲实践，编撰医药学名著《本草纲目》……

　　这些杰出的历史人物，有的是在中华民族文明进程中做出过突出贡献、对后世产生过巨大影响的思想家、政治家，有的是对中华优秀传统文化的传承传播发挥过重大作用的文学家、艺术家、科学家，有的是为国家安定统一、民族融合团结和中外文化交流做出过杰出贡献的军事家、外交家……他们为中华民族的繁荣发展做出了伟大的贡献，他们的行为事迹、风范品格为当世楷模，并垂范后世。

　　他们是中华民族的先贤人物。他们的思想、品德、事迹，是中华优秀传统文化的结晶；他们的故事，是对中华民族的禀赋、特点和气质最生动、最鲜活的阐释；他们的名字，在五千年中华文明史上最为光彩夺目；他们为五千年中华文明史书写了最为光辉灿烂的篇章。

　　为了解先贤，走近先贤，我们精心组织编写了这套《中华先贤人物故事汇》丛书，以翔实可靠的史料为依据，细腻动人的故事为载体，真实地呈现中华先贤人物的事迹、品格和精神风貌，彰显他们的贡献和功绩，激发人们对国家民族的热爱，对中华文明、中华优秀传统文化的崇敬。

　　开卷有益，期待这套丛书成为你的良师益友。

目 录

导　读

　　黄宗羲生于明万历三十八年（1610），浙江余姚人，字太冲，一字德冰，号梨洲，卒于清康熙三十四年（1695），门人私谥文孝。其父黄尊素系东林党人，在天启年间任山东道监察御史，因劾奏魏忠贤，被其陷害，死于诏狱。崇祯即位后次年，十九岁的黄宗羲入京讼冤，在刑堂上锥刺许显纯等魏阉遗党而名震京师。

　　此后，黄宗羲先投身蕺山刘宗周门下，师承"慎独"学说，后加入张溥、张采领衔的复社。当清军南下，黄宗羲毁家纾难，募兵抗清，追随鲁王，任左副都御史。当鲁王行朝灭亡，黄宗羲从党人生涯、游侠生涯转向了致力于著述的儒林生涯。

经三十多年的笔耕不辍，黄宗羲创立了清代史学中影响至今的浙东学派。

纵观黄宗羲一生，几乎横跨整个十七世纪，丰富的人生阅历和对历史的潜心研究，使他成为抨击君主专制制度的中国启蒙思想第一人。其"天下为主、君为客"的核心思想反映在他的不朽之作《明夷待访录》中。除此之外，黄宗羲的著作还有《明儒学案》《宋元学案》《易学象数》《行朝录》《南雷文定》《弘光实录钞》《今水经》《四明山志》等一百多部，至少有一千三百卷。其中，具有划时代意义的学术史专著《明儒学案》的问世，标志着"学案体"体裁得到彻底的完善和成熟。

不论从当时还是从今天来看，黄宗羲的思想都超越他的时代，还有人认为他的理论超越了十八世纪的法国哲学家和教育家卢梭。对我们来说，不论识其人生，还是读其著作，都是对一座文化宝库的挖掘，对一份珍贵遗产的继承。

痛击奸党

一

　　大明崇祯元年（1628）五月二十四日，京城正暖风吹面，暑气微来。

　　自申时开始，刑部大街的八方客栈二楼就传出阵阵痛哭之声。哭声越来越大，引得不少房客议论纷纷。客栈老板颇感心烦，命酒保上去看看。酒保上楼后，耳贴门上，听了片刻，又把眼睛凑到门缝，仔细看了房内几眼，才蹑手蹑脚地下来。

　　楼下柜台后的客栈老板一直仰头看着酒保，等他过来后，问道："那客官在哭什么？"

　　酒保将食指竖到嘴边"嘘"了一下，压低声音说道："掌柜的可知楼上客官是谁？"

老板皱眉说道："我刚看了一下店历，写着黄宗羲的名字。他早不哭晚不哭，到老子客栈来哭，是家里死人了吗？真晦气！"

酒保抬头看眼楼上，还是低声说道："掌柜的不知，这黄宗羲的父亲乃天启朝'七君子'之一的黄尊素大人哪！"

老板闻言，脸上一惊，随即露出不信之色："他是黄尊素大人的公子？你如何知道？"

隔着柜台，酒保又将身子凑近一点："小人适才透过门缝看得清楚，他在桌上设了个灵位，上面清清楚楚写着'父黄公尊素大人之灵位'，如何会错？"

老板转怒为喜："原来是黄大人公子到了我这里，这可得好好服侍。"

一言方毕，老板再次眉头一动，手摸下颌："听说刑部明日会审许显纯和崔应元几个逆党。两年前，黄尊素大人就是死在许显纯手里。黄公子今日哭父倒也罢了，居然这时候在房内设灵位，难不成他明日会做出什么事情？"

酒保的右手食指划过嘴唇："小人也正这么想。"随即又说："那黄公子在他父亲灵位旁边搁了根铁锥,不知何意。"他双手举到胸前,掌心相对,比划一下,补充道:"有这么长。"

老板"哦"了一声,眼珠一转,抬手指住酒保胸脯,用力点了点:"你明日跟黄公子前往刑部,看看他究竟会怎样。"

二

翌日,未及弱冠的黄宗羲一袭长衫,缓步下楼。客栈内诸人均已知他是当年惨死狱中的山东道监察御史黄尊素长子,都不自觉多看了他几眼。只见其脸庞清秀,双目炯炯,从中透出压抑不住的悲愤。令人一眼难忘的是,这位少年左右额角上各有一痣,一红一黑,均铜钱大小。众人无端生出敬畏,谁也不敢上前和他说话。

黄宗羲心事满怀,也未想与人交流,用过早餐后,跨门而出,大步往刑部方向走去。

客栈老板一个眼色丢过,那酒保心领神会,紧跟黄宗羲身后出门。

　　刑部门外，已人群聚集。自去年八月天启帝驾崩，朱由检登基以来，第一个动作就是扫除魏忠贤势力。到十一月，贬出京师的魏忠贤在阜城自缢，崇祯皇帝又将荼毒深宫的客氏鞭死于浣衣局，其他阉党核心人物如魏良卿、侯国兴、客光先等都被处死，并被抄家。在魏忠贤势倾朝野之时，手下有"五虎""五彪""十狗""十孩儿""四十孙"等爪牙，今日将审的许显纯和崔应元都属"五彪"，分别担任过镇抚司掌刑和都督同知，他们虽不是太监，却跟着魏忠贤无恶不作。因此，对他们，无人不恨。

　　那酒保跟着黄宗羲到刑部门外后，因人群密集，黄宗羲背影不知何时已然不见。他倒不急，索性踮起脚在人群中看热闹。阉党倒台，乃大快人心之事，人人都想见见已七十六岁高龄的刑部尚书乔允升将如何审案。

　　随着一声"升堂"，乔允升和大学士韩爌、钱龙锡三人官服整齐，从后堂迈出，在案桌后落座。

　　乔允升将惊堂木一拍，喝令带上许显纯和崔

应元。

那二人因官大，寻常百姓平日哪能轻易见到？那酒保仔细看去，见曾经闻之色变的许显纯和崔应元身穿囚服，脸色憔悴，浑身颤抖，被衙役带上堂来。

二人在堂前跪倒，竟立即口呼冤枉。

须发皆白的乔允升又将惊堂木一拍，"你二人为虎作伥，构陷忠良，今日还不认罪？"

许显纯叩头说道："乔大人明鉴，我等所为，俱是魏公公……不不，俱为魏逆差遣，小人明知是错，可若是不从，性命难保啊。"

乔允升"哼"了一声，说道："圣上下旨公审，便是要天下人知你等所犯之罪。今你二人竟将自己所做之事，推到魏逆头上，倒是推得一干二净。"他随即提高声音："左右，给本官唤证人黄宗羲上堂！"

人群中酒保一怔，没料到黄宗羲竟是此次审理的证人。他赶紧盯着堂上，果然，从堂后走出一脸肃穆的黄宗羲来。

黄宗羲并不看许显纯和崔应元，只见他双手抱拳，朝乔允升等三人行过礼后，又单独朝韩爌施礼，说道："天启四年（1624）三月间，家严曾上书朝廷，劾奏魏逆。时魏逆竟欲矫诏廷杖家父，幸赖韩大人相救，方免去此灾。韩大人此恩，家严在日，时时叨念，小侄始终铭记于心。今日也是家父上天有灵，能使小侄当面向大人道谢。"话一说完，黄宗羲眼眶发热，跪下对韩爌叩了一个头。

韩爌百感交集，说道："好、好，今日特请黄公子堂上作证，说说这些逆党罪状。"

许显纯往日倚仗魏忠贤，威风八面，曾将东林党杨涟等人抓入诏狱，对其施以"土囊压身，铁钉贯耳"之刑，最后将一枚大铁钉亲自钉入杨涟头部，令其惨死。后魏忠贤命人将黄尊素从苏州捕入京师牢狱后，许显纯又亲自动用酷刑。此刻见被自己折磨至死的黄尊素之子上堂，魂飞天外，不待乔允升等人开口，赶紧对黄宗羲说道："黄公子、黄公子，当年黄大人入狱，实是魏逆所为，不关小人之事啊。"

黄宗羲面无表情，看着许显纯，缓缓站起。

许显纯见黄宗羲不说话，心下更慌，又结结巴巴地说道："小人、小人还记得清楚，当日狱中李应升大人身患重病，恰逢魏逆传命，要拷打李大人，黄大人见李大人身子虚弱，甘愿代为受刑。小人当时就十分……不不，万分仰慕，心想黄大人慷慨奇男子，能与他、与他交个朋友多好！只是小人自知、自知乃猪狗不如之人，如何交得上黄大人这等朋友？小人受命于人，也是身不由己啊。"

黄宗羲冷冷看着许显纯，慢慢走近。

许显纯心慌不已，又转头对乔允升说道："乔大人，如今魏逆伏诛，朝廷再无祸害，万请乔大人看在故去的孝定皇后面上，能、能从轻发落小人。"

乔允升尚未说话，黄宗羲目光已怒火隐现，抬手指着许显纯喝道："住嘴！你等甘为魏逆爪牙，多少忠良死在你们之手，当与魏逆同罪！你竟还抬出孝定皇后外甥身份？便是当年成祖亲子朱高煦、宁王朱宸濠为皇室血脉，犯罪尚伏法，今日岂能轻饶于你！"

一语未毕，黄宗羲脚步陡快，冲到许显纯面前。

许显纯还来不及反应，黄宗羲已从袖中抽出一把铁锥，朝许显纯当胸刺去。许显纯哪里料到黄宗羲会在公堂上对己行刺？闪躲不及，铁锥入肉，顿时迸出鲜血。

往日拷打他人，许显纯倒是见血见得多，却从未见过自己流血。此刻铁锥入体，只觉疼痛难挨，低头见胸口因衣染红，魂不附体地大叫："行刺了！行刺了！"

黄宗羲厉声喝道："今日便是为父报仇之日！"又是一锥，刺在许显纯身上。许显纯魂飞魄散，连站的力气也没有，一边双手乱挡，一边大叫："乔大人！乔大人！"

案桌后的乔允升似是未闻未见，转头对韩爌和钱龙锡说道："老夫今已年逾古稀，蒙皇恩浩荡，得赴京再任，如今陕西流寇四起，二位大人可知兵部有何应策？"

韩爌和钱龙锡分别皱眉，对堂下的惨叫声也听而不闻，拱手说道："圣上登基，清除阉逆，依下官来看，只等朝纲一新，便可着手安排平定流寇之事了。"

黄宗羲已从袖中抽出一把铁锥，朝许显纯当胸刺去。

乔允升跷起大拇指，点头说道："二位大人言之有理。"

三名主审官均未发言阻止黄宗羲，堂上的其他陪审官员和衙役也自然对眼前一幕视而不见。刑部门外的人群振奋不已，都奋力大喊："杀死奸逆！杀死奸逆！"

耳听许显纯的惨叫声越来越小，乔允升才看眼堂下，惊讶地说道："堂下怎如此吵闹？万万别出命案，来人，将许显纯拉下。"

这时才有人应命上前，将黄宗羲拉开，浑身是血的许显纯已气息奄奄，被两名衙役架往后堂。和许显纯一起跪在堂下的崔应元早被眼前一幕吓得呆了，浑身如泥，瘫在地上。他呆若木鸡地看着许显纯被架走，才想起黄宗羲还在身边，他正要起身，眼前人影一闪，黄宗羲已站在自己面前。

崔应元大叫一声"救命"，便觉黄宗羲拳头如雨，打在自己身上。崔应元连滚带爬，直接奔到乔允升案桌之前，哭喊道："乔大人救命！乔大人救命！"

乔允升也不说话，将手一挥，一旁又走出两名衙役，上前将黄宗羲拉开。

　　崔应元刚觉没有拳头打在身上了，颌下却陡然阵痛，原来是自己的一把胡须被黄宗羲抓住了。那两名衙役将黄宗羲拉开时，黄宗羲手上用力。随着几声惨叫，崔应元颌下胡须竟被黄宗羲硬生生连皮拔下。

扶柩归里

一

转眼夏去秋来。天气骤冷的一天，在浙江余姚城的姚江岸边，有十余人于码头上站立远眺。他们俱穿孝服，立于最前的是一位年纪三十五岁上下的女人，容颜端肃，额缠白绫，眼色含悲。在他们眼前，碧水东流，龙山和蜀山威严，永乐寺的钟声敲响，惊得群鸟乱飞。秋风从江面掠过，十余人衣襟吹动，无一人开口说话。

码头上的人渐渐聚多，显然都在等候什么。

忽有人抬手指着江流远处，喊道："二奶奶快看！麟儿回来了！"

被唤作"二奶奶"的女人正是黄宗羲生母姚氏。她原为上虞查湖太仆寺卿姚翔凤的从孙女，自幼读书，颇识大体。自十六岁嫁与黄尊素为续妻后，便以名门闺秀的风范赢得黄家上下敬重。在旁人开口之前，她已看到一条大船隐隐出现，船桅上一条巨大的孝带随风飘动。"麟儿"是黄宗羲乳名，听到那声指认后，姚氏心里又是激动，又是伤心，往前移动一步，终还是端颜肃立。

大船渐近，至码头停靠，船头站立的，果然是一身孝服的黄宗羲。

见到母亲，黄宗羲迫不及待，跳下船头，疾步走到姚氏面前，戚容说道："孩儿扶爹爹灵柩回来了。"

一具棺椁被六名船夫用粗绳巨木抬下。

黄氏家人一见棺椁，齐齐下跪，大哭。

待棺椁落地，姚氏慢慢走至棺前，伸手抚摸棺盖，轻声道："老爷、老爷，你终于回来了。"举袖抹抹眼眶，不想让外人见到自己泪水。

黄宗羲心中悲痛，上前搀住母亲，低声道："此处风寒，母亲快快回转。"

黄尊素灵柩回乡的消息早已传遍黄竹浦，乡人扶老携幼，站满江边。黄氏原本是当地大族，黄尊素声望极高，片刻间，江边竟是哭声一片。

二

当日，黄氏族人齐聚宗祠，为黄尊素叩头上香。

姚氏始终没哭，倒是家族中年岁最高的黄尊素之母卢氏难抑悲伤，泪水长流。自己儿子惨死狱中，白发人送黑发人，心中如何不痛？

黄宗羲劝慰祖母，"今圣上已下旨为爹爹昭雪，追赠从三品，予以祭葬。"

卢氏仍是看着儿子的遗像痛哭。

黄宗羲继续说道："孙儿在京时已诣阙谢恩，并上疏请诛阉党曹钦程和李实等人，得旨命刑部从速问罪。那李实在会讯前竟托人送来三千金，求孙儿不要出堂对质，真是休想了！到刑部会审之时，孙儿按捺不住，锥刺了李实好几处，刑部现已将其充军发配了。"

姚氏一直搀扶着卢氏。婆媳二人闻言，互看一眼，还是姚氏对黄宗羲诧声说道："锥刺李实？娘只听说你在刑部锥刺许显纯了。"

黄宗羲点头说道："孩儿刺许显纯在前，刺李实在后，可恨没亲手了要许显纯的狗命！"

姚氏眉头微皱，问道："麟儿两次当众锥刺，朝廷没有追究？"

黄宗羲摇头道："朝廷未与追究。孩儿不敢隐瞒，锥刺许显纯之后，孩儿与同样父死阉党之手的周廷祚、夏承二位公子同往诏狱，亲手将刽子手叶咨、颜文仲二人捶毙，祭奠了东林众贤的在天之灵！"

众人此时方知，在京城的黄宗羲不仅有锥刺之事，竟还闯狱杀人，俱是一惊，连卢氏也惊慌说道："麟儿杀人了？"

黄宗羲缓缓点头，转身在父亲灵位前跪下，凝视灵牌说道："孩儿今番入京，便是要为爹爹申冤昭雪。今天子圣明，扫清阉祸。许显纯被斩之日，孩儿与诸死难弟子设祭于诏狱中门哭拜，后有人告知孩儿，天子也闻到哭声，有'忠臣孤子，甚恻朕怀'之语传出。爹爹今日在九泉之下，可以瞑目了。"说罢，朝父亲遗像重重叩了三个响头。

旁边众人听得黄宗羲这番言语，知他锥刺杀人之举未被追究，齐齐松了口气，独母亲姚氏还是皱了皱眉，温言道："祭奠之后，麟儿来我房间，娘有一事相告。"

三

终于母子俩单独相对了。

姚氏看着儿子，脸上始终是平和之色。她缓缓说道："麟儿在京，锥刺杀人，只是想替你爹爹报仇？"

黄宗羲微愣，随即答道："爹爹惨死狱中，五日后才从狱中拖出，浑身伤口，尽皆腐烂，孩儿想到这里，就恨不得亲手将那些阉党一个个杀死，方泄心头之恨！"他双手紧紧握成拳头，不住微抖。

姚氏眼中闪过一丝悲伤，还是缓缓说道："你爹爹生前之愿，是要你做一个恃勇莽夫吗？"

黄宗羲闻言一怔。

姚氏继续慢声说道："麟儿可还记得你爹爹生前之言？"

黄宗羲脸上沉思，讷讷说道："爹爹死后，祖父曾在墙上写有'尔忘勾践杀尔父乎'八字。孩儿还记得，母亲曾要孩儿不忘记祖父之言。"

姚氏轻声叹口气，站起身来，凝视黄宗羲，始终语速缓慢："你爹惨死，你祖父如何不伤心？难道麟儿就以为娘也不伤心吗？娘夜夜痛彻心扉，悲至天明。"

黄宗羲眼中含泪，颤声道："孩儿知道。"

姚氏抑制住悲伤，重新坐下，继续说道："麟儿还记不记得你爹爹劾奏魏逆之语？"她也不待儿子回答，一边缓缓摇头，一边说出丈夫当年上书之言："廷无谋幄，边无折冲，当国者昧安危之机，而误国者护耻败之局。"说完后凝视儿子，声音也放得更缓："麟儿可知你爹爹此言何意？"

黄宗羲对父亲文字颇为熟悉，此刻听母亲念出，当即答道："此乃爹爹忧心国事之言。"

姚氏叹口气："既知你爹爹忧心国事，如何未见麟儿追随父风？"

黄宗羲咬咬嘴唇，说道："阉党祸害朝纲，孩儿想斩杀阉党之人，如何不是为国着想？"

姚氏闻言，脸色微沉，说道："在刑堂刺罪囚，去牢中杀狱卒，是为国所想吗？如此匹夫之勇，岂会是你爹爹所为？一两个狱卒，难道也和国家大事有关？今圣上念你孝顺，未加追究，如因杀狱卒丢掉性命，你爹爹在天之灵将如何看待？九泉之下如何能安？"

黄宗羲浑身大震。

姚氏继续说道："你爹爹生前是如何教导你的？说给娘听听。"

黄宗羲只觉嘴唇抖个不停，刹那间，父亲曾经说过的话一句句在脑中闪过。他忽然想起父亲生前的嘱托，喃喃说道："爹爹在苏州被捕入京，孩儿陪爹爹往绍兴，途中爹爹流泪长叹，抱愧自己未能济国是，嘱咐孩儿，非学不能救世，求学不可不通史事，要孩儿读《献征录》。到了绍兴，刘宗周伯伯在萧寺为爹爹饯行，爹爹命孩儿拜刘伯伯为师。"

姚氏听儿子说丈夫之事，心中大悲，尽力平复情绪，慢慢说道："娘自嫁入黄门，耳濡目染，如何不知你爹爹之志？麟儿年方十九，正是男儿发愤之时。若他日有成，才是没辜负你爹爹生前之愿啊。"这句话说完，一直忍泪的姚氏终于控制不住，泪水夺眶而出。

黄宗羲大为震动，站起身来，在母亲膝前跪下，声音颤抖地说道："孩儿莽撞于京城，若是出事，岂非让娘受尽痛苦？实是不孝。孩儿答应娘，自今日始，定当发愤读书，以承爹爹遗志。"

姚氏泪水未干，伸手抚摸儿子脸庞，慢慢点头。

果然，从这日开始，黄宗羲废寝忘食，发愤于史书，每日一本，无日不迟明而起，鸡鸣方已。门外姚江水日日东流，四明山上的树叶绿了又黄，黄了又绿，忽忽两载，黄宗羲读遍史书，学问大进，黄竹浦故里已无人能与之切磋史学。

拜师蕺山

一

沿着弯弯曲曲的蕺山小路，斜负雨伞行囊的黄宗羲时不时环顾四周，走得越高，视野越开阔。鸟藏密叶，喇啾不止，阳光正盛，令人心怀大畅。

蕺山虽然不高，却因东晋王羲之卒于该地，其故宅戒珠寺位于南山麓而闻名于世。

上山之前，黄宗羲先往戒珠寺瞻仰，在香烛缭绕的肃穆氛围中，免不了追慕先贤，涌上一股思古之情。出寺后再凝视山顶王家塔，又涌上一股豪情，暗想王羲之虽以书法名垂后世，但其心中学问，又岂落时人之后？《兰亭集序》固然有"天下

第一行书"之誉，仅读其文，难道不也是千古华
章？不觉间，早烂熟于心的《兰亭集序》一句句从
心中流过，"永和九年，岁在癸丑，暮春之初，会
于会稽山阴之兰亭，修禊事也。群贤毕至，少长咸
集。此地有崇山峻岭，茂林修竹，又有清流激湍，
映带左右……"

黄宗羲遥想当年，心中激动，当时谢安、谢
万、孙绰、王凝之、王徽之、王献之等数十位名士
聚集兰亭，恣情山水，畅叙幽情，何等令后人神
往！自己刚刚弱冠，虽名闻乡里，毕竟经历有限，
真不知何时到得了"群贤毕至，少长咸集"之境。

想到这里，黄宗羲慢下脚步，眼中虽仍是"茂
林修竹，清流激湍"，心中渴望的却是未来之日，
自己也能如远逝时空的先人一般，与今日群贤指点
江山，纵论天下。热血涌动之际，又情不自禁地想
起两年前在京师"刺锥拔须"之时，自己的惊人之
举虽传遍京师，却还是比不上当时结识的来自江苏
太仓的张溥等人。张溥比自己年长八岁，自幼负神
童之称，早在天启四年（1622），刚及弱冠的张溥
就结社论政，南北知名。他还记得自己如何震惊

于张溥"七录七焚"的苦读之状。所谓"七录七焚"，就是张溥读书必亲自手抄，抄后再读，读毕即焚，如此反复七遍，学问自然深入于心，令人不得不心生敬佩之意。

张溥此刻在哪里呢？自京师一别，彼此便无消息了。

黄宗羲暗思自己虽在家苦读，与张溥还是差距不小。今番从故里前来绍兴，便是深感依靠自学，难以再进步，遂拜别母亲和家人，往蕺山求师问学。数年前，自己送父亲至绍兴时，父亲曾将自己学业托付给当地至友、削官居家的刘宗周，后者慨然应允。现在自己徒步一百余里，便是来蕺山拜见刘宗周。

远远地，终于在王家塔南侧的山坡上，看见一座青白色砖墙砌成的"证人书院"了。四下里只有鸟声和从院内传出的隐隐读书声打破寂静，一股说不出的庄重感扑面而来。黄宗羲伸手紧一紧打在胸前的行囊结，往书院走去。

二

年过半百的刘宗周闻得故人之子前来，即命入见。

黄宗羲跨进刘宗周内室，恭恭敬敬地鞠躬说道："晚辈宗羲，拜见伯父。"

刘宗周微笑说道："贤侄免礼，匆匆数载，弹指即过，贤侄长高了，也越来越像真长兄了。"他说的"真长"是黄尊素的字。刘宗周话音一落，想起故人，心生感伤，微微一叹："贤侄坐下说话。"

黄宗羲遵命落座，见堂内宽敞，屋梁甚高，依墙而立的书柜内摆有卷卷书册，眼神不由一亮。

命人送上茶水之后，刘宗周温言问道："贤侄如何到了蕺山？"

黄宗羲坐于刘宗周之下，拱手说道："小侄今从余姚而来，当年家父将小侄学业托于伯父，恳望伯父收小侄于门下，潜心于学，能有益于世。"

刘宗周手捻长须，缓缓点头："知学当有益于世，便是有志。"当下随口询问黄宗羲近年所学，黄宗羲无不对答如流，问及历史时，更是不假思索，随口而出，最后说自己刚从戒珠寺出来，想起王羲之写下的"仰观宇宙之大，俯察品类之盛，所以游目骋怀，足以极视听之娱，信可乐也"之句，更觉自己该当奋发，不能"快然自足，不知老之将至"。刘宗周闻言，又惊又喜地说道："贤侄如此年轻，便有如此之想，真长兄泉下可慰啊。"他忽然抬头对外面说道："你们都进来！"

黄宗羲侧头看去，见大门推开，从外鱼贯走入十数人，尽皆青色长袍，儒巾绾髻，看上去都较自己年长，当即站起身来。

刘宗周微笑道："他们都是老夫门下弟子。"然后一个个给黄宗羲介绍，弟子中年纪最长的叫陈洪绶，三十来岁，另外有祁世培、陈确、张履祥、施博、姜定庵、张奠夫、恽仲升等人，俱是二十来岁的清秀学子。黄宗羲上前一一施礼相见。陈洪绶笑道："师父是否今日收徒？"

刘宗周捻须笑道："这位少年叫黄宗羲，是为师至友、黄尊素大人长子，他入门比你们晚，可学问不容小觑啊，今日师父便给你们添一个师弟了。"

黄尊素位列其中的"七君子"之名扬名海内，无人不知。众人听得眼前这位少年是黄尊素之子，均感意外和惊喜，上前与黄宗羲拉手相见，很是亲热。黄宗羲自丧父之后，居家读书，很少与人亲近，性情颇为激烈，甚感孤独，此刻见刘宗周门下弟子对自己毫无陌生之感，陡然间又想起王羲之笔下的"群贤毕至，少长咸集"之句，胸中热血如沸，只觉眼眶发热。

三

入门之后，黄宗羲颇为奇怪的是，身为师父的刘宗周对学生并无管理，大家来去自由。学生中难得有人长居书院，刘宗周也时常外出访友。黄宗羲与同门更是常往嘉善、云间等地，与当地名士交往，以增见闻。他还发现，刘宗周只每月于山麓会讲一次。到会讲日时，刘宗周最严之命就是听讲者须得收敛身心，凝神静气，在他眼里，此为求学之基。作为屡次入京为官，又屡次被罢或辞官的阅历丰厚之人，刘宗周学问精湛、视野宽宏、涉猎极广，对开堂讲学极为重视。早在万历年间，他便与东林书院创始人顾宪成、高攀龙会于无锡，通宵达旦，切磋理学。数十年宦海起伏，亲见朝廷党争日甚、民变激增，刘宗周更觉讲学之途不可废，痛感"惟有讲学明伦，庶几留民彝于一线"，于是召诸生于蕺山会讲。

在黄宗羲眼中，刘宗周读书破万卷，又不拘泥于书本，他所说的"世道之祸，酿于人心，而人心之恶，以不学而进；今日理会此事，正欲明人心本然之善，他日不至凶于尔国，害于尔家"之言，如暮鼓晨钟，字字震荡心灵。

无需多久，黄宗羲就很快理解，师父之学，要旨在"慎独"二字。

何为"慎独"？似乎三言两语便可明白，刘宗周却并不予以解释，他只提醒弟子二字的重要和自己的思索来源："《大学》之道，一言以蔽之，曰慎独而已矣。《大学》言慎独，《中庸》亦言慎独。慎独之外，别无学也。"

某日会讲之后，黄宗羲与陈确再往王家塔，交流当日听讲所得。

陈确眼望塔顶，沉思一阵后说道："师父所谓'独'，在愚兄看来，当良知是也。"

黄宗羲默默点头，暗想自己苦读史学，原来只是"读"，尚未从史中寻"学"。刘宗周以身体力行来告诉众弟子的，便是如何从僵硬的文字中注入个人热血，使之灵动而活起来。想到此处，黄宗羲若有所悟，也如陈确一样，抬头看向高塔。

一行秋雁，正从塔顶掠向云天。

这座塔他已无数次上去，却是揽胜时多，思索时少，现在听陈确之言，幡然有悟，师父所言人心，便当与天地、万物相连。"慎独"二字，听起来简单，深究才觉意味无穷。儒家所谓"修身、齐家、治国、平天下"之言无人不知，往往被省略的，却是"修身"之前的"正心"二字。心不正，良知何立？"慎独"指向良知的话，其核心则必是"治心"。黄宗羲喃喃说道："心若立为天地之本，岂不齐家则家齐，治国则国治，治天下亦开万世太平？"

陈确微微一笑，说道："师弟所言正是。"

二人年岁相当，交往甚密，此刻悟得师父之

言，均感喜悦，携手上塔。

刚到第三层，忽见山下有一人匆匆登阶，看其步履匆匆，不是游客；手执雨伞，更不是书院弟子。黄宗羲凝视片刻，惊声说道："来人是小弟家中之人，该是有家书送至了。"

想起到蕺山已匆匆半年，从蕺山到余姚，说近不近，说远不远，却是一直没有回去，他当即与陈确快步下塔，迎来人而去。

四

当日晚间，黄宗羲入刘宗周内室，禀告道："弟子今收家书，祖母欲赴南京，命弟子相送，恳请师父准许。"

刘宗周微笑道："宗羲至蕺山，忽忽半载，为师素不问门人去处，紧要之事，乃守住心中灵台，一念之差，便千里万里。古人说读万卷书、行万里路，为师所盼，便是诸弟子能时开眼界。南京乃藏龙卧虎之地，名士极多，你去之后，可多与他们联系。"

刘宗周微笑着说道："古人说读万卷书、行万里路，为师所盼，便是诸弟子能时开眼界。"

黄宗羲大喜道："弟子谢过师父。"随即见刘宗周精神虽是矍铄，却瘦骨嶙峋，日益苍老，心中又是一酸，跪下说道："弟子不在之时，师父保重自己。"

刘宗周轻叹一声，将黄宗羲扶起，凝思片刻后说道："岁月如驰，为师尚记得差不多三十年前北上赴选，经德清时，特去拜见辞官居家的许孚远大人，他当日之言，震动肺腑，今为师转告于你。他病中告诫为师，为学不在虚知而归实践。你好好记住，受用终生。"

黄宗羲大为感动："师父之言，弟子字字铭记。"

走出门后，见夜空星辰全无，唯月华如水，铺满庭院，一阵风来，残叶声乱，大起萧瑟之感。想起师恩深重，无以为报，对家人思念又无可抑制，眼中不禁滚下泪珠。

南都群伦

一

自太祖朱元璋于洪武元年（1368）定都南京始，到成祖朱棣于永乐十九年（1421）迁都北京止，南京作为大明的政治中心长达五十三年。京师北移之际，朱棣深谋远虑地保留了南都六部。与北京六部相比，南都六部除不能参与议政外，官员的品级和俸禄俱是相当。对南京来说，历史深厚尚是其次，经过朱元璋和朱棣的数十年经营，早使这座气势恢弘的古都成为人文荟萃之地，经济繁荣，文化也极为繁荣。

崇祯三年（1630），黄宗羲陪同祖母卢氏抵达南京。

年岁已高的卢氏决定离开余姚，实是面对儿子遗像太过悲伤，想起次子黄白崖在南京为官，动了去南都之念。黄宗羲是其长孙，求学离家甚久，时时叨念，终忍不住亲写家书，命黄宗羲前来相伴。

当船只在秦淮泊岸之后，黄宗羲见两岸画舫林立，人流如织，无处不弥漫歌舞升平之气氛。他在蕺山之时，虽也时时与同门外出，但所到之地，哪里比得上六朝古都的气势？他一边打量四周，一边心中暗想，"当年南唐李煜肉袒出降，擒至开封后日日以泪洗面，固然心伤故国，却也不忘'想得玉楼瑶殿影，空照秦淮'。今日一见，方知南京确乃烟柳繁华地，风流俊雅人物，自是层出不穷了。"

黄宗羲叔父黄白崖时为应天府经历，得知母亲前来，亲自携眷相迎。黄宗羲久不见叔父，极为欣喜，叔侄二人少不得一番亲近。

卢氏祖孙入黄白崖官署住下后，令黄白崖意外的是，年纪轻轻的侄子黄宗羲竟未像其他初至南京的官宦子弟一般，趁夜外游，饮酒行乐，而是晚餐后独自闭门不出。他走过黄宗羲住房前时，见窗纸内透出烛光，房内寂静无声。好奇之下，黄白崖举手叩门。黄宗羲开门见叔父在外，拱手说道："叔父还未休息？"

黄白崖微笑道："南都夜景非凡，秦淮歌舞亦多，为何不去看看？"

黄宗羲侧身让叔父入内，说道："读书未破万卷，小侄不敢虚掷时辰。"

黄白崖暗暗吃惊，心中感佩，见侄儿桌上摊开书本，点头道："黄门有子如此，何愁不光耀门楣！"闲说几句后，不再打扰，退出门外。

黄宗羲坐于桌前，将烛光剔亮，重新拿起书本，继续阅读。

二

翌日天色方亮，黄宗羲已披衣起床，执书至庭院。黄白崖官署庭院宽广，西墙处有株树冠庞大的梧桐。黄宗羲走至树下，捡条石凳落座，尚未看得几页，从隔墙处传来一阵朗朗诵书声。黄宗羲没料到一墙之隔，竟也有晨读之人，侧耳去听，那人正诵杜甫之诗，声音慷慨，显是句句深入己心。

见黄白崖从门内走出，黄宗羲起身迎去，低声问道："不知隔墙是何人家？"

黄白崖朝墙前梧桐看过一眼，说道："隔墙乃照磨韩孟郁官署。他从南京国子监丞左迁现职，每日吟诗，还召些士人，组成诗社。"

黄宗羲颇为惊喜："小侄于诗词尚自不熟，正可登门求教。"

黄白崖当即与侄儿前往韩府。韩孟郁见黄宗羲年纪虽轻，却颇有才学，着实惊讶。三人相谈甚欢。从这日开始，黄宗羲与韩孟郁日日相见，就算后者不久移居他处，也是如此。韩孟郁精通诗律，将作诗之道倾囊相授，还将自己友人、南京礼部主事周仲驭及南都司空何匡莪介绍与之相识。周、何二人年岁不小，都极喜黄宗羲，力邀加入诗社。黄宗羲欣然应允。

八月八日，黄宗羲照常一早往韩孟郁府邸。未坐多时，周仲驭与何匡莪联袂而来，方一落座，何匡莪就说道："明日诗会，该是南都群贤毕集之时了。"脸上兴奋之色，溢于言表。

黄宗羲和韩孟郁也大为振奋。尤其黄宗羲，他在蕺山之时，每月都听刘宗周开坛会讲一次，而诗词之会，尚未参加过。何匪莪早就在策划"凤凰台诗会"，广邀南都诗人，诗词酬唱。当下几人将明日诗会再从头计议一番。黄宗羲想起盛唐李白曾写下的"凤凰台上凤凰游"之句，对明日诗会，悠然神往。

　　翌日，黄宗羲起得更早，与韩孟郁同往凤凰台。

　　果如何匪莪所言，当日参会之人络绎不绝，何匪莪逐一给黄宗羲介绍，其中有声名正盛的南中词人汪遗民、张隆甫、林茂之、黄明立、林若抚、闵士行、沈眉生、沈治先、陈子龙、吴骏公、万年少、蒋鸣玉、吴来之等。诸人均年长黄宗羲，都听得眼前这位少年的"刺锥拔须"之举，无不钦佩，言辞亲热。林茂之先人与东林党人过从甚密，被魏忠贤矫诏廷杖。黄宗羲想起父亲也被魏忠贤逼迫至死，慨然挥毫，为林茂之写下"痛君旧恨犹然积，而我新冤那得平"的诗句相赠。林茂之捧读之下，不禁涕零。

诗人性情，自是难掩超尘逸志。黄宗羲想起自己到南京后的日子，除往韩孟郁府邸之外，几乎足不出户，此刻正是"群贤毕至，少长咸集"之时，心怀大畅。当他说起自己尚不熟南京景况之后，林若抚即刻邀请黄宗羲往自己寓居的报恩寺游览。待诗会结束后，汪遗民、张隆甫、林茂之、黄明立等人与黄宗羲随同林若抚前往报恩寺，一番游览后又同登九重塔。

此时暮色已临，南京远处风光若隐若现，近处秦淮河上灯影摇乱。黄宗羲虽是首次身临其境，眼中所见，却无不与自己熟知的历史一一吻合，当下随口说起掌故史事，汪遗民等人在惊诧中无不深佩，竟不信黄宗羲是首次至南京。

年长黄宗羲数十岁的黄明立忽然笑道："宗羲贤弟大才如磐，胸藏千卷，老夫家中有些藏书，建有'千顷斋'一座，明日若是有暇，或往陋宅一观？"

黄宗羲大喜，即刻与黄明立约定时间，前往黄家观书。眼见黄明立嘴角含笑，似有一分诡秘，心想明日恐还有他事。但对方不说，自己也不多问，与众人远眺风景，以诗互赠。当日尽兴而归。

三

第二日，黄宗羲如约前往黄明立家中。

黄明立早在门前等候，一见黄宗羲，哈哈大笑："今日老夫还请得几位好友，俱在楼上等候。"

黄宗羲昨日诗会，识人不少，此际又闻有批新知等候，大喜道谢，随黄明立入府。

到得府中后院，眼前出现一幢二层楼房，门楣上挂一匾额，题有黄明立亲自书写的"千顷斋"三字。

黄明立颇有得色地说道："此乃愚兄书楼，宗羲贤弟请进。"

随黄明立一进斋楼，黄宗羲只见眼前书柜林立，卷卷藏书，肃然于架，蔚为大观。他还不及走近书柜，房内坐中数人均起身相迎。黄明立一一介绍，当先长须之人唤杨廷枢，天启六年（1626），曾率众捶死阉党校尉、焚烧驾帖而名震海内；第二个叫周子佩，其父周顺昌与黄宗羲之父黄尊素同时死难；另外还有四人令黄宗羲惊喜不已，他们乃是有"金陵四公子"之称的陈贞慧、方以智、冒辟疆和侯方域。几人中除杨廷枢三十多岁，年纪较长之外，余人均与黄宗羲年岁相当，俱知彼此之名，此番相见，人人对黄宗羲大起一见如故之感。

聊得半炷香时间，黄明立忽然笑道："今日还有数人抵南京，算算也快至陋宅了。"说罢暂时告退，起身出去。黄宗羲问是何人，众人全不知晓。

片刻之后，黄明立又带二人入内。

黄宗羲一见，又惊又喜，起身说道："张溥兄也来南京了！"

他没有想到，二人竟是三年前在京师结识的张溥及其同邑畏友张采。

张溥二人也没料到在此地竟与黄宗羲久别重逢，俱是惊喜，当即抱拳相见。张溥年龄虽未至而立，却早名动天下。一年前，他在苏州尹山与张采联手集合云间几社、香山同社、浙西闻社、江北南社、江西则社、历亭席社、吴门匡社等十余个社团，创立复社，以继承东林志向为任。此刻他与张采同来南京，在座之人，无人不振奋，尤其周子佩，上前恭敬行礼。原来张溥数年前撰写的《五人墓碑记》名扬天下，其文便是为在周子佩之父、吏部主事周顺昌被逮而引起的苏州民变中挺身而出、死于阉党之手的民间义士颜佩韦、杨念如、马杰、沈扬、周文元等五人合葬一事而写，没料今日能见到张溥，岂能不当面致谢？

很快至正午时分，黄明立在家摆开酒筵，众人入席后，从诗词格律谈至国事，今阉党虽除，北方却民变甚巨，关外后金又一直虎视眈眈。去年十一月，皇太极亲率大军，入龙井关、过大安口，直逼京城，时督师蓟辽的袁崇焕千里驰援，却在后金退兵后被天子下令缚下诏狱，实乃震动天下之事。众人无不感叹，却因未在京师，此事究竟如何，终无统一之见。

眼见众人对袁崇焕一事尚有分歧，张溥遂将话题引向他与张采创立的复社，谈及去年在吴江召集的尹山大会，并说今番来此，便是欲在南京召集金陵大会，砥砺品行，以东林精神为核心，其目的是改变"自世教衰，士子不通经术，但剽耳绘目，几幸弋获于有司，登明堂不能致君，长郡邑不知泽民"的现状。

黄宗羲闻言，心生敬佩。想起昨日"凤凰台诗会"时，自己兴奋异常，此刻听张溥的金陵大会宗旨，愧怍暗生，心想张溥二十多岁就名扬海内，果真不是吟风弄月的肤浅之辈，又想起离蕺山时，刘宗周告知的许孚远之言，更知张溥步步实践，委实盛名不虚。今自己年入双十，北方乱状隐有耳闻，还真不能纵情诗酒。见眼前张溥虽高谈阔论，却字字入心，对他的复社之会，心仪不已。随即又想，自己送祖母来南都之事已毕，若能离开南京前加入复社，将足以心安。几次想要开口，又觉自己年纪尚轻，学业待成，遂将想说的话忍了下来。

当日回转之后，先至韩孟郁府邸，颇巧周仲驭和沈眉生、沈治先兄弟也在。听黄宗羲谈起张溥前来南京，拟开金陵大会时，周仲驭哈哈大笑，说道："我今来此，正是欲告知孟郁兄一同参会。周某早是复社成员，宗羲若是有意，周某可为引荐。"

黄宗羲听得年过七旬的周仲驭居然是复社成员，又惊又喜，拱手说道："如此有劳周大人了。"

周仲驭随即肃颜说道："复社宗旨，是与天下才俊共同兴复古学，将来一定要对国家与社会做出贡献。宗羲乃青年俊杰，周某当然乐于引荐。"

沈眉生在旁笑道："今南京正开秋闱，宗羲兄大才，若不应考，如何施展一生抱负，为国出力？我们兄弟也欲参与此次秋闱，不若一同应考，尚可一师同门，岂非美事一桩？"

周仲驭赞同："眉生说得对！宗羲不如先考取功名，欲为国出力，与其在野，不如在朝。"

黄宗羲眼神一亮："言之有理，宗羲姑且一试。待下榜之后，宗羲便该南归了。"一语未毕，想起自己返回浙江之后，这些在南都刚刚结识的志同道合之人不知何日方能重见，心中感伤，眼神也随之黯淡。

屐痕遍处

一

　　从京口至吴门（今江苏苏州）顺流南下的一条船上，除了船夫和几名家仆外，舱中有一老一少对坐。年少者是离南京返乡的黄宗羲，须发尽白的老者则是当时大名鼎鼎的文震孟。后者曾于万历二十二年（1594）中举，却到二十八年后的天启二年（1622）才殿试夺魁，成为大明第八十二位状元，精通《春秋》，在京为官时刚直不阿，熹宗朝时因弹劾魏忠贤，被处廷杖之刑，贬谪出京，后又数起数落。崇祯三年（1630）五月，文震孟因上疏弹劾颇受崇祯信任的吏部尚书王永光，遭崇祯斥责。这时，他趁出封益府的机会，完成任务后便道归家。

回吴门前，恰逢黄宗羲来访，遂与其同舟而行。

凝视舱外浩浩大江片刻后，文震孟将刚刚搁于桌上的一篇文章再次拿起，对黄宗羲说道："读贤侄此文，文采斐然，今番虽是落榜，依老夫来看，贤侄异日必将以大著作名世，一时得失，实不足计。"

黄宗羲心头郁郁，叹道："此次秋闱落榜，终是学业未成之故。"

文震孟哑然一笑："当年老夫连续九次入礼部贡院考场，九次落第，足见会试一途，既关乎学业，亦非关学业。子夏有言：'仕而优则学，学而优则仕。'此语'仕'在前，'学'在后，是以老夫来看，欲入仕行抱负者，绝非死啃书本，须看个人是否有担天下忧虑之志，才是朝廷所重。"

黄宗羲闻言一震，拱手道："文大人所言，小侄茅塞顿开。"

文震孟笑容收敛，眉头微蹙，起身往船头

走去。

黄宗羲也起身跟着走至船头。文震孟眼望大江良久，长叹一声，手指北方说道："贤侄久在南方，实不知北方之状，眼见天下震荡，老夫徒自忧虑，却是有心无力了。"

黄宗羲见他说得凝重，说道："文大人此言，是说北方民乱？"

文震孟苦笑道："今我大明，岂止民变一乱？关外虏众，觊觎关内已久，今朝廷无安边之将，委实令人忧心。"

江上秋风渐劲，吹得二人衣襟乱摇，文震孟的花白长须也一时凌乱。他似是未觉，只眼望北方，忧虑尽显。

黄宗羲受其感染，皱眉说道："文大人觉得虏众将有破关之举？"

文震孟似是出神，片刻后才像是自言自语地说道："今内忧未除，外患又至，恐难免来日之难啊。"他凝望大江，喃喃道："当年祖逖在此北上，中流击楫，辛弃疾也于此抚今追昔，悲愤为词，实乃老夫今日心境。"随即开口吟道："千古江山，英雄难觅孙仲谋处。舞榭歌台，风流总被雨打风吹去……"一阵阵猛烈江风中，黄宗羲听他一直吟到"凭谁问：廉颇老矣，尚能饭否？"时，声音苦涩无比，猛然体会，文震孟实借他人之句，浇自己心头块垒。想起当年祖逖和辛弃疾往事，黄宗羲热血上涌，慨声说道："文大人，若天下生变，小侄当投笔从戎，以救大明江山！"

文震孟侧头凝视黄宗羲，缓缓点头，将"好"字重复几遍，然后又抬手说道："吴门将至，彼处便是与贤侄分手之地。今日一别，盼后会有期，贤侄有用之身，不可辜负了。"神色间伤感流露，黄宗羲大是感动。

二

回到黄竹浦乡里之后，黄宗羲面对窗外的青山秀水，仔细检索自己的蕺山之学、南京之行，尤其感到文震孟之言，字字触心。此时，其内心与眼界都不再是当年扶柩归里时那样窄小。当夜与母亲姚氏长谈，姚氏见儿子变化不少，言谈举止沉稳，颇具父风，心中大为安慰。

黄宗羲原因秋闱落榜，心中抑郁，在舟中与文震孟交谈后，复归平静，尤其听得北方乱局，更是忧心，再想起周仲驭所说的"欲为国出力，与其在野，不如在朝"之语，下决心再次居家苦读，以备下次考试。

黄宗羲居住的黄竹浦虽属僻远之地，他的名声却传出甚远，经周仲驭引荐入复社后，更是名声广传，时不时有人慕名而来。令黄宗羲料想不到的是，归乡不久，周仲驭特意从南京赶来相见。周仲驭来见黄宗羲，也是见其落榜，恐打击太大，索性赶来再加劝慰。一见之下，觉黄宗羲无一丝落榜阴影，惊喜不已。交谈间听他说起文震孟之言，周仲驭感慨道："文大人品行过人，能得其指点，乃宗羲之福。"二人年岁相差虽大，却早成忘年之交，黄宗羲带周仲驭登龙山、蜀山，拜永乐寺，留得十余日后，周仲驭辞归南京。

匆匆又过得两年，黄宗羲正在家中读书，忽听门外脚步声急，刚一抬头，就见二弟黄宗炎推门而入，说道："从甬上（今浙江宁波）而来的陆文虎和万履安二位先生来访兄长。"

黄宗羲闻言，惊喜说道："陆、万二人名满江浙，愚兄即刻出迎。"当即放下书册，与黄宗炎一同出门。

陆文虎和万履安已在外间等候，见到黄宗羲兄弟出来，齐齐起身。黄宗羲见他们书生打扮，器宇轩昂，都比自己年长，当即施礼相见。陆文虎哈哈大笑，说道："数年前便听闻宗羲兄京城壮举，我与履安兄时时谈及，仰慕不已，刚欲动身，传来宗羲兄求学蕺山之讯，本待前往蕺山，又闻宗羲兄已往南京，前些日得兄归乡之音，便唐突前来了。"

黄宗羲颇为兴奋，请二人落座，又命黄宗炎将三弟黄宗会叫出，数人把盏相谈，极是尽兴。谈话间陆文虎微笑说道："今武林（今浙江杭州）学人甚多，尚有读书社、小筑社、登楼社诸多社团，一时龙象之盛，前所未有，宗羲兄若是有意，陆某可代为引荐，其中刘道贞、冯惊、张秀初、江道闇、刘进卿等诸友，俱我辈中人，宗羲兄胸怀大志，不如往杭州一行。"

黄宗羲闻言甚喜，瞬间又转喜为忧，微叹说

道："宗羲也有意四方行走，无奈家母卧疾在床，待母亲痊愈，定当往武林寻友。"

姚氏病愈之后，已跨年到崇祯六年（1633）初春，黄宗羲想起陆文虎之言，嘱咐诸弟黄宗炎、黄宗会、黄宗辕、黄宗彝在家待母，自己则孤身背负行囊，踏过残雪尚存的黄竹桥，在姚江码头登船，往杭州方向而去。

三

杭州历史悠久，在秦朝时便设有县治，地处钱塘江下游，东临杭州湾，其河网密布的先天优势带来极大的经济繁荣，到北宋时已跃为全国四大商港之一。苏东坡任杭州知州时，疏浚西湖，修建苏堤，又使人文色彩倍增，到南宋为都时，经济文化达于鼎盛，成为天下士人仰慕之地。踏入杭州的黄宗羲立刻发现，杭州果如陆文虎所言，"一时龙象之盛，前所未有"。

刚至南屏山下的馆舍住下，当地张秀初、江道闇便闻讯前来。二人俱为"孤山读书社"核心人员。前者读书精微，尤长于《周礼》《仪礼》《礼记》，喜好乐理；后者秉性粗疏，胸怀阔达。二人与黄宗羲一见如故，随后又介绍读书社领袖冯悰及虞宗玫、虞宗瑶等人与黄宗羲相识，引其加入"读书社"。不久，来自慈水（今浙江慈溪）的刘瑞当和来自鄞县的李杲堂等人也先后与黄宗羲结识。尤与复社颇多往来的刘瑞当，为人刚正，屡以直言，好几次书社辩论之后，被黄宗羲引为畏友。

转眼又至秋天，黄宗羲刚刚与众友游完西湖回馆，刚入馆舍之门，里面有两人站起。黄宗羲抬头一看，其中一人竟是沈眉生，大喜说道："眉生兄如何来武林了？"

沈眉生微笑道："小弟方从海外返回，先去黄竹浦访兄，宗炎兄说兄已到武林，便立刻赶来了。"然后给黄宗羲介绍，和他同来的是芜湖同宗沈昆铜。

三年前，黄宗羲在南京应试，当时落榜的除自己外，还有沈眉生与沈治先兄弟。忽忽已是三年未见了，黄宗羲见二人尚未有去处，当即邀请到自己馆舍同住。

当夜联床夜话，从沈眉生嘴里，黄宗羲第一次听到种种海外之事，不觉神往。暗思中国虽广，自己始终局限江浙，尽管十余岁时去过京师，毕竟年纪尚小，很多人事只在眼前一晃而过，无法深入其里，一种对更远之地的渴望自心底油然而生。不过，此时的黄宗羲已知万事皆含"欲速则不达"之理，从沈眉生这里获取见闻，也不失为一条路径。

　　很快，黄宗羲在杭州待满一年，不仅学识增进，知交遍处，还渐感杭州难以再为问学之地，开始负笈各处，以增见识。他先至姑苏，登乾山拜访隐居于此的名士管鑰，往寒山寺寻诗问古。离开姑苏后，又行至太仓，再访复社领袖张溥和张采。二人见到黄宗羲前来，自是大喜，日日征诗逐酒，畅论时事。某日已至黄昏，偶听人谈及某人藏书甚丰，黄宗羲与张溥原本嗜书如命之人，哪里按捺得住？当即提灯前往，彻夜观书。再过几日，闻得嘉善将安葬前给事中魏忠节公大中，心中一动。魏忠节在朝时曾忤逆魏忠贤之命，被捕入狱，黄宗羲极为敬仰，当即辞别张溥、张采，取道前往嘉善。

　　没有料到，刘宗周此时也在嘉善，师徒见面，格外喜悦，待魏忠节安葬之后，遂结伴舟行。刘宗周见黄宗羲入舱后，一直低头读从坊间刚购的《高忠宪遗集》，等他稍歇时，有点感伤地说道："二十二年前，为师在无锡拜访东林领袖高攀龙，剪烛西窗，居方寸、论穷理、议儒释异同，历历在目。今攀龙兄去世已经八载，令人思之阵痛。"伸手接过书来，将高攀龙著作中所掺杂的释氏语，为黄宗羲逐一指出。

自蕺山之后，黄宗羲久未闻师父之言，今番舟上再得教诲，想起当日文震孟也在舟中教导自己，便将此事告诉了师父。刘宗周感叹道："高、文二位先辈，俱曾在朝中为官，视野非寻常人可及，宗羲多方游历，实是可取。来年秋闱，可再往一试。"

黄宗羲点头应命。

师徒二人同至郡城分手后，黄宗羲继续游历，在木莲庵意外碰见友人周仲，并在书架上发现其先人云渊先生编撰的数十册《神道大编》，惊喜异常，想全部抄录下来。不过，由于周仲要去楚地，抄录一事便未能实现。不久，传来祖母卢氏病逝于南京的噩耗，悲痛之下，即刻赶往南京奔丧，也与南京众友重逢。

四

崇祯九年（1636）二月，黄宗羲深感刘宗周说过的"读万卷书，行万里路"果为至理，便又动身去长洲，拜见文震孟。与数年前相比，文震孟苍老不少，忧虑则是更多，他虽在江南，却始终关注江北。黄宗羲终究是与文人往来，从文震孟嘴里，才知这数年来，农民军纵横北方各地，甚至南下四川，官军疲于奔命，而后金军则肆虐于东北，孔有德、耿仲明、尚可喜三将竟剃发降金，认贼作父。

告别文震孟时，黄宗羲深觉天下动荡，内心沉重，入朝救国的念头日益强烈。

当年八月，黄宗羲携黄宗炎、黄宗会二弟入杭考试，不料又是落榜。

见两个弟弟神情沮丧，黄宗羲默然片刻，缓缓说道："每种前途，从无一帆风顺，文震孟大人说得好，'一时得失，实不足计'，三年之后，我们再来应试。"他伸臂将两个弟弟抱住，低声道："我们该回去为爹爹迁葬了。"

黄宗炎和黄宗会咬咬嘴唇，点头道："我们听长兄之言。"

当年十二月，黄宗羲兄弟三人将父亲黄尊素棺椁从隐鹤桥迁葬至四明山北麓化安山，文震孟亲笔写了铭文。黄宗羲兄弟三人跪于坟前。身为长子的黄宗羲对身后百余族人的哭泣声听而不闻，只凝视墓碑，喃喃说道："爹劾奏阉党，生死不惧，实是为大明江山，孩儿发誓，一定走爹生前之路。三年后，孩子将往南京应试，若还是不中，便赴京师应考，祈爹在天之灵，佑护孩儿。"

风雨欲来

一

时光飞逝，转眼已至崇祯十五年（1642）八月。刚刚擢升为刑部左侍郎的徐石麒府上，迎进了年已三十三岁的黄宗羲。徐石麒年纪虽长于黄尊素，却是后者门生，在黄尊素入狱后曾设法营救而得罪魏忠贤，被勒赃削职，贬谪金陵。到崇祯登基后才重入京师，官复原职。黄宗羲抵京后，即刻前来拜见。

听得黄宗羲已三次应考失败，徐石麒颇为意外，叹息道："当年老夫渡江吊唁先师，曾对你说过学不可杂，杂则无成。"

黄宗羲自三年前在南京第三次科考失败后，对自己并不灰心。自从迁葬父亲之后，六年间除赴南京应考，签名周仲驭、陈贞慧、吴应箕发起的《南都防乱揭》，声讨阉党余孽阮大铖外，一路风霜足迹，至宛上、抵安庆、达池州、过临海、越剡溪、游天台、驱雁宕、留宣城，遍及南北，广交士人、僧侣等各方异士，眼界大开，深感天下形势已非自己埋头苦读时可比。此刻听徐石麒说"杂则无成"后，微微一笑，说道："徐大人之言，宗羲时刻铭记，只是宗羲总思南宋文丞相所言，'君子之所以进者，无他法，天行而已矣'，颇欲多学。"

　　徐石麒点头道："今日世上，能言及文丞相此语，宗羲可知天下现已如何了？"

　　黄宗羲心情沉重，说道："于外，我朝锦州兵败，朝野震动；于内，流寇进围开封，兵连祸结，如何不令我辈忧心如焚？"

　　徐石麒沉思说道："眼观天下，正当做于世有用之事，今番会考，切记一事，万勿心浮气躁，方为有利。"

　　黄宗羲闻言，猛觉自己适才的反驳之言似乎过当，当即站起，恭敬说道："徐大人之言，宗羲谨记于心。"

徐石麒微笑道："宗羲可暂在府下安身，入仕一途，不能缓，也不能急啊。"随即眉头微皱，叹口气续道："可这天下之势，又岂管人缓人急？"

二人谈及眼下国事，均觉难以预测，唯有大变预感，隐隐入心，又难以说透。

黄宗羲在徐石麒府上住下，只等应试日来临。想不到的是，未过数日，曾屡次前往黄竹浦与他相见的陆文虎竟登门求教徐石麒。两人意外京师相见，大喜过望。陆文虎今番也是前来应试秋闱，正住万驸马的北湖园中。他知徐石麒刑部公务繁多，不利黄宗羲读书，谈完事后，当即提出让黄宗羲随其同住北湖园之议，既无人来干扰，二人也可随时交换读书感受。徐石麒虽颇想与黄宗羲日日说话，却知自己府邸人多，往来官员也多，对黄宗羲读书难免有所打断，点头应允，嘱咐黄宗羲至北湖园后勤加用功，考取功名。黄宗羲拜谢过徐石麒后，收拾行李，搬至北湖园，与陆文虎同住，一并发愤。

二

徐石麒对此次开榜自是关注，待开榜后，命人接黄宗羲入府。

见黄宗羲眉目不展，徐石麒微微一笑，说道："开榜已毕，老夫今日只与宗羲对饮。"

黄宗羲拱手谢过，依言落座。看着眼前的酒杯菜肴，长叹一声，摇头道："今番已是第四次落榜，适才路上，宗羲一直在想当年文震孟大人十入考场之事。"

徐石麒微笑道："宗羲能有如此之想，老夫倒是放心。"

黄宗羲抬头凝视徐石麒，见其微笑中似有喜色，虽不明其故，还是皱眉说道："科举之途，自隋开始，已逾千载，隋帝曾有言道：'天下之重，非独治所安，帝王之功，岂一士之略？自古明君哲后，立政经邦，何尝不选贤与能，收采幽滞？'此言固然为开科根本，更是为天下寒士打开入仕之门，但以宗羲观之，未必还适用于今时往后。方才想起文震孟大人，便是觉科举之途，已难达创立者所愿。"

徐石麒吃了一惊，黄宗羲此言，明明是对科举一途，有了千年未曾有过的反对之念，听他言辞平易，锋芒却是锐利，一怔之后，摇头说道："宗羲此言差矣，开科取士，乃国家千年不易之基，如何能轻言否定？"

黄宗羲微笑道："徐大人厚待，感激不尽，今已落榜，宗羲明日便要归乡了。"

徐石麒见他改换话题，也不欲和他争论科举之事，脸上笑容仍是隐含喜悦："老夫好教宗羲知道，今后可以留京了。"

黄宗羲摇头道："在徐大人府上，多有叨扰，宗羲留下也是无益。"

徐石麒终于哈哈一笑，喜色尽显，端起酒杯，说道："老夫先与宗羲饮此一杯，再告知为何能留下。"

黄宗羲微感诧异，还是举杯和徐石麒相碰。

饮下酒后，徐石麒伸出右手："宗羲秋闱虽是落榜，考卷却经首辅周延儒大人过目。周大人颇喜宗羲文采，欲以中书舍人之职为荐，此乃天大机缘，老夫实为宗羲喜悦。"说罢脸上再次微笑。

黄宗羲一愣，将空酒杯在手中微微转动，忽然搁到桌上，拱手对徐石麒说道："宗羲蒙徐大人厚待，首辅大人好意，恐怕只能心领了。"

此言一出，徐石麒颇感意外，心想周延儒是当今首辅，亲自点名让落榜之人为官，此乃前所未有之事，黄宗羲喜不自胜才算正常，不料他却一口回绝，一时不敢相信，惊讶道："宗羲此是何意？"

黄宗羲脸色沉思，缓慢说道："中书舍人乃做书写诰敕之事，非宗羲所愿。"

徐石麒叹息说道："此乃可遇不可求之事，宗羲三思才是。"

黄宗羲苦笑一下，说道："秋闱落榜，岂能为官？今天下乱局已生，宗羲确实不如暂时归里，以作明日之想。"他见徐石麒脸色惊讶，续道："三年前南京落榜，宗羲对科举已生疑虑，归乡后当仔细索得答案。"

徐石麒见黄宗羲离京意愿真切，虽感不可思议，终还是点头道："老夫且等宗羲音讯。"

翌日，黄宗羲辞别徐石麒，又往北湖园和陆文虎告辞。后者秋闱登科，自是兴奋，听得黄宗羲拒绝周延儒之情，也大为惊异。黄宗羲却是声色如常，陆文虎见他去意坚决，恳言留京月余，终见自己劝说无效，送黄宗羲离京。

二人走到刑部大街时，黄宗羲抬头见自己十四年前投宿的八方客栈尚在，如今物是人非，感慨颇多，正与陆文虎谈及当年从这里往刑部刺锥之事时，耳边传来一阵鸣铎之声，声音刺耳。黄宗羲叹息说道："铎声为政教法令之用，今京师时时有闻，真非吉声啊。宗羲这就与文虎兄告别，兄在京师，多多保重。"

陆文虎颇是惊讶，忽觉眼前黄宗羲早非自己当日前往拜访之人，自己一直视对方为肝胆之交，今日却实不知这位友人内心究竟藏着何种想法了。当下抱拳嘱咐几句，看着黄宗羲身影在人群中消失。

三

返乡路上，黄宗羲一路急行，虽无限江山入眼，心中却忧虑丛生。他刚离京不久，便听得清兵

黄宗羲叹道："铎声为政教法令之用，今京师时时有闻，真
非吉声啊。"

从墙子岭和青山口入关，明军望风而逃，清兵铁骑直入，京师被迫宣戒严之令。黄宗羲暗思朝廷边将如曹变蛟、洪承畴和祖大寿等非死即降，大乱之象，已无可阻止，偏生自己一介书生，手无一兵一卒，空负安邦之志，却壮志难酬，眼前的江山胜景，只怕往后难以再见。

回乡之后，见两个弟弟都文才出众，又是安慰，又是担忧。想起初唐杨炯写下的"宁为百夫长，胜作一书生"之句，感慨万千。黄宗炎和黄宗会见哥哥回来，极为喜悦。在他们眼里，长兄学问之深，已到深不可测之境，均愿随其读书。黄宗羲打起精神，携二弟进蓝溪、走蜜岩，观隐潭冰柱，在大雪中登芙蓉楼，走遍四明山。其后，黄宗羲编撰《四明山志》，黄宗炎和黄宗会也分别作赋撰文，借此抒发个人之志，浇心头块垒。

京师陆文虎时不时传书而来，清军入关后的抢掠虽退，造成的破坏却是极大，关内农民军也一刻未闲，李自成三围开封之后，见城池难破，终于决黄河口淹城，溺死无数。黄宗羲还来不及从诸多恶讯中缓过气来，第二年正月方过，又传来李自成在承天称"奉天倡义文武大元帅"之讯，几个月后，另一农民军领袖张献忠攻克武昌，建立"大西"政权。黄宗羲震惊不已，在家中坐不住了，再次前往杭州，与沈昆铜同寓湖上。面对山雨欲来风满楼的境况，一众书生无人能谈出对策。到十月底时，见母亲姚氏的五十大寿在即，黄宗羲极度抑郁，返回故里。

在姚氏做寿那天，刘宗周派儿子刘汋送来亲自写的寿序。黄家奏乐，还上演了《鸣凤记》。该剧背景为嘉靖朝大臣夏言计议收复河套之地，擅权弄政的严嵩父子恣意妄为，不仅斩杀督兵赴边的御史曾铣，还放言污蔑夏言，致使其被朝廷问斩。戏曲最后以严嵩被削官、严世蕃被腰斩为结局，称颂了被作者誉为"双忠八义"的夏言、曾铣、杨继盛、邹应龙、林润、郭希颜、孙丕扬等与奸臣严嵩作斗争的十位大臣。该剧所写史事发生于不久之前，人人记忆犹新。

黄宗羲正观看演出，忽见母亲姚氏失声痛哭，他心中悲愤，暗想从嘉靖至当今圣上，朝纲何日可振？内忧外患何日可平？他起身走到母亲身边，伸手抚抚姚氏肩膀。姚氏侧头见儿子脸色忧愤，知他心事，更知今日演出的这部戏也隐含称赞自己丈夫之意，她嘴唇一动，终还是忍下不言，伸手握住儿子之手。母子心意相通，均盼天下终能太平，但形势一日日恶劣，人人都在充满惧意的观望中无能为力。

黄宗羲见母亲擦去泪水，脸色复归端颜，暗想母亲若从今而后，不再遭灾遇难，便是心中大愿了。他看看坐中诸客，尽在戏中沉浸，随着戏中情节时怒时喜，也时而为登台演唱者喝彩，甚为热闹。他又将目光转向窗外，只见外面狂风摇着大树，夜空星月皆无。黄宗羲猛然想起，再过两月，便是又一年将临。下一年是崇祯十七年（1644），即农历甲申年。已有太多预兆和无以阻止的变化在步步进逼。

甲申年会是怎样的一年？想到此处，黄宗羲只觉内心在俯瞰一个无底深渊。

虎穴京都

一

第二年转眼即至。在陆文虎几不停歇的来信中，一连串激流般的事件在黄宗羲面前展开。

该年一月，李自成在西安称帝，建国号"大顺"，二月初兵渡黄河，数日间便攻下汾州（今山西汾阳）、阳城、蒲州（今山西永济）和怀庆（今河南焦作）；二月五日，大顺军进攻重镇太原，守将牛勇、王永魁战死，巡抚蔡懋德城破自缢。一路势如破竹的李自成大军在代州（今属山西忻州）遇守关总兵周遇吉抵抗，经十余日短兵相接后，周遇吉退守宁武关，城破后督军巷战，最后死于乱箭之下。崇祯连闻败讯，急怒攻心，传檄天下勤王。

黄宗羲接信后震惊不已，他从内心深处知道，李自成统百战之师，朝廷已非其敌手，却终还心存侥幸，盼能收到明军击败李自成的音讯。不料，陆文虎再无书信寄达，黄宗羲心知不妙，彷徨中忽想起刘宗周，不知师父那里是否有更多讯息，当即将家事安毕，前往蕺山。

人在蕺山的刘宗周此时也只得到李自成大军攻破宁武关的音讯，后面发生的事如何，和黄宗羲一样，全然不知。时间一日日过去，北方再无音讯传来。

转眼到了四月，一日山上涌来好些难民，刘宗周和黄宗羲从难民嘴里得知，京师早在三月十九日失陷，崇祯皇帝自缢于煤山，北京已落入李自成之手。

闻得恶讯，刘宗周和黄宗羲再是镇定，也禁不住大惊失色。北京沦陷，崇祯宾天，岂不意味大明已亡？刘宗周勉力镇定，说道："京师沦陷，江南还在，此处音讯难通，不如我们先往杭州，招募义旅。"

当下师徒收拾行李，急奔杭州而去。

二

春雨连绵，难民四处，满目凄凉。

刘宗周和黄宗羲在乍暖还寒的四月中到达杭州。师徒二人先往吴山海会寺暂居。

这时，曾求学刘宗周门下的弟子章正宸、朱大典、熊汝霖和寓居杭州的沈昆铜都过来相见。

国难当头，无人不心情沉重。章正宸说道："天下大变，京师失守，陛下宾天，恩师来此，我等终于稍觉宽慰。"

刘宗周叹息一声，摇头说道："自古国家有难，匹夫有责，何况我等读书之人？今番我们只能招募义旅，与贼兵决一死战了。"

众人闻言，都吃了一惊。刘宗周年岁已高，竟还有招募义旅之想。黄宗羲眼看众人，沉声说道："师父说得不错，今北方沦陷，幸赖江南尚自无缺，听闻南都拟立监国，便是我大明未到山穷水尽之时。宗羲当追随师父，招募义旅！"

听到这番斩钉截铁之言，章正宸等人心头震撼。章正宸沉思片刻，说道："恩师与宗羲如此大义，我等自当追随其后。不过，南都既拟立监国，不如我等四人先往南都探讯。恩师年岁已高，万勿伤身，且等南都音讯，再做决定。若监国立下，以朝廷马首是瞻便是。"

到六月中旬时，联袂而去的四人只沈昆铜从南京返回。一见刘宗周和黄宗羲，沈昆铜神色颇为振奋，告知在南京兵部尚书史可法、凤阳总督马士英及高杰、刘良佐、黄得功、刘泽清等四镇总兵拥立下，福王朱由崧领监国位后，已于五月十五日在武英殿正式登基称帝，诏明年为弘光元年，章正宸、朱大典、熊汝霖三人俱被朝廷留用。

刘宗周、黄宗羲等人闻言大喜。南都既有天子，江南人心便可凝聚，待时机成熟后挥师向北，收复失地岂不指日可待？

黄宗羲当即拿出自己写下的复国策议，准备动身前往南京。

沈昆铜见黄宗羲如此急切，脸色却是陡然焦虑，阻住说道："宗羲兄不可前往南都。"

黄宗羲颇感诧异，忙问其故。

沈昆铜深思说道："宗羲兄难道忘了七年前之事？"

黄宗羲一愣，不解道："七年前何事？"

沈昆铜伸手按在黄宗羲肩上，说道："当年周仲驭大人与陈贞慧、吴应箕诸兄在南都发布《南都防乱揭》，兄与顾杲兄首当签名，共一百四十名文士在桃叶渡痛斥阮大铖一事，如何忘了？"

黄宗羲猝然一震，双眼圆睁，手握成拳，恨声说道："当日之事，宗羲如何能忘？阮大铖乃阉党余孽，与我东林、复社之人不共戴天，当日阮大铖被痛斥后，躲至牛首山，不敢再出，今日如何提到此事？"

沈昆铜叹息一声，摇头道："今圣上登基，史可法大人自请渡江督师，在朝中一手遮天的，乃是手握'定策之功'的马士英，他的凤阳总督之职乃阮大铖当年举荐所得，如今入阁参政，便对阮大铖投桃报李，已举荐其为兵部侍郎。宗羲兄若入南都，恐遭其报复，令人担心啊。"

黄宗羲万没料南京新君方立，朝廷竟然会任阉党余孽为官，又惊又怒："如此一来，宗羲更须入京！今圣上方始登基，必以国事为重，宗羲此去，上书阙下，不信阮大铖在如此关头，会与献策人为敌！"

三

黄宗羲收拾好行囊，在风雨中再次北上南京。

入城之后，黄宗羲最感震惊的是，南都居然正大兴土木，为新君修缮宫殿，心想南都不思进取，岂会有收复北方之志？不敢相信之下，决定先至章正宸府上，再做下一步行动。不料，沈昆铜言明已为吏科都给事中的章正宸府上却是大门紧闭，久叩不开。黄宗羲见周围连问询的人也见不到一个，颇觉古怪，又往报恩寺寻林若抚。林若抚已不在此居住，寺内主持还记得黄宗羲，将目前顾杲的居所告知。

叩响顾杲家门之后，前来开门的竟是沈眉生。

一见门外站着黄宗羲，沈眉生脸露惊色，即刻将黄宗羲一把拉过门槛，迅速关门，转头就问：

"宗羲兄如何在这个时候到南京来了？"

黄宗羲见沈眉生神色竟显慌乱，大为不解，说道："南都立下新君，宗羲特来上书，以陈复国之策。"

沈眉生似是未听，不无紧张地紧跟一句："宗羲兄适才未被跟踪？"

黄宗羲困惑摇头："应该没有，出了何事？"

顾杲也从内堂迎出。三人至内堂落座后，沈眉生才像是定下心神，将桌上一份文书递给黄宗羲，说道："宗羲兄先请过目。"

黄宗羲接过一看，文书封面上赫然写着"蝗蝻录"三字。再打开文书，猝然一惊，内文竟是阮大铖以兵部名义所发的通缉文告，上面写有一百四十个姓名，全是当年在桃叶渡痛斥阮大铖的东林、复社之人，名列首位的是刘宗周三大弟子：祁世培、章正宸和黄宗羲。原来果如沈昆铜所言，阮大铖一旦大权在手，立即对当年贬斥自己的东林、复社中人展开报复，明目张胆地将东林人称为"蝗"，复社人视为"蝻"，公开缉捕，无怪章正宸不在府邸，只怕凶多吉少，已然下狱了。

沈眉生叹息说道："章大人知情形不妙，已辞官归里了。"

黄宗羲虽为章正宸松一口气，仍抑制不住心头悲愤，站起身来，将手中《蝗蝻录》用力一捏，咬牙说道："北方沦陷，南都好不容易有了新君，阮大铖竟不思众志成城，反公报私仇，致人心大乱，这南方该如何守御？"

顾杲摇头叹道："今天子朝事不闻，大权尽在马士英和阮大铖之手，史可法大人渡江督师，却闻四镇总兵只各行其是，尤其高杰，不北上抗敌，反而兵围扬州，连史大人也被其拘禁营中。今北方清军入关，流寇虽退出北京，却还占据陕西。眼下朝廷，对内只是如何争权夺利，对外竟是'联虏平寇'，这北方、北方……只怕恢复无望了。"说罢只是摇头。

黄宗羲手握成拳，奋声说道："我明日上书阙下，盼天子能听我数言。"

顾杲和沈眉生同时一惊，顾杲起身说道："宗羲兄万万不可！阮大铖将你列为《蝗蝻录》之首，你若出门，岂非自投罗网？依今日来看，兄只能暂时栖身于此，以观后变。"他情急之下，伸手将黄宗羲手腕握住，像是生怕对方抽身便走。

黄宗羲狠狠一拳头砸在椅腕。他如何不知，现在南京虽是太平京城，对自己来说却是最危险之地。顾杲和沈眉生句句是实，黄宗羲低头半晌，终于长叹一声，咬牙点了点头。

四

在顾杲寓所住下之后，黄宗羲总盼朝廷终能撤回通缉，形势却一天天变得严峻。过得数月，沈眉生再次登门，顾杲和黄宗羲见其脸色惊慌，急问外面出有何事。

沈眉生悲声说道："二位可还记得阉党徐大化？"

黄宗羲皱眉道："徐大化依附魏忠贤，先是诋毁熊廷弼大人，随即又诬陷杨涟、左光斗大人收受熊大人贿赂，使杨、左、熊三位大人先后惨死。阉党清除后，他被放逐边疆而死，眉生兄今日提他，是为何意？"

沈眉生摇头道："今光禄丞徐禹英乃徐大化之侄，投靠阮大铖进入刑部，他已将周仲驭大人和陈贞慧兄捕入狱中，并发出驾帖，要搜捕宗羲兄、顾杲兄、应箕兄、昆铜兄与小弟。今南京不能再待，不如我们一起离京。"

黄宗羲听得周仲驭和陈贞慧入狱，又惊又怒，咬唇片刻，说道："朝廷要追捕我们，哪里会有躲藏之所？宗羲决定就在南京不走了。"

沈眉生不知该如何相劝，目光伤感，转向顾杲。

顾杲原本性格沉稳，说道："南京非久留之地，顾某家母尚在，贸然出门，引人注目，此处僻隐，少有人来，我先暂留些时日，眉生兄可先速速离京，往杭州知会应箕和昆铜二兄。眉生兄一直往来于海外，江南若不能留，可往海外避祸。"

沈眉生悲伤不已，知自己今日一走，怕是难以再见，眼中涌泪，抱拳只说出"保重"二字，终于扭头而出。

黄宗羲和顾杲见阮大铖始终不肯放过东林、复社之人，商议半晌，竟是无处可去。

五

又再过得数月，已是弘光元年（1645）四月，深居简出的黄宗羲与顾杲正谈话之际，听得有人轻轻敲门。黄宗羲再听片刻，说道："若是来捕我们入狱，恐已破门而入了。"当下起身前去开门。

"我去开门。"顾杲说一句，抢步至黄宗羲之前。

门一开，顾杲低声一呼。黄宗羲在他身后，见门外人陌生不识。

"亲家请入。"顾杲话一说，黄宗羲立刻知道，门外之人乃顾杲亲家，姓邹名之麟，字臣虎，官拜左金都御史，掌南京都察院事。

邹臣虎闪身进门，也不再入内，只低声说道："徐禹英所发驾帖，我压下已久，此处不能再留，亲家可往报恩寺暂住。"他转眼看见黄宗羲，神色微愣，随即说道："这位可是黄宗羲先生？"

顾杲转头看看黄宗羲，又对顾杲说道："亲家可有法子让宗羲兄先行出京？"

邹臣虎蹙眉想得片刻，说道："今清军分兵毫州与砀山，左良玉大军又以'清君侧'之名，从武昌东下，进逼京师，满城皆惧，宗羲兄可化妆离开此地再说。"

黄宗羲闻得天下形势如此危急，咬咬唇，决心立下："好，宗羲即刻离城。"他回头对顾杲拱手道："南京半载有余，一事无成，今天下已至存亡之际，宗羲先归浙东，举义旗招兵，以拒清军。"

邹臣虎将黄宗羲带出顾宅，到此时，黄宗羲才从邹臣虎嘴内得知，周仲驭下狱不久后就被处以斩刑，陈贞慧尚在牢狱，沈眉生、吴应箕、沈昆铜三人亡命海外。黄宗羲耳闻诸友恶讯，眼见南京城内一片惊慌，心中感伤不已。当夜下起雨来，黄宗羲得邹臣虎保护，乘夜离城，捡条小路，朝向东南，往嘉兴而去。他走上一山丘时偶一回望，见远处南京城头，一排灯火正奄奄一息地忽闪，待风雨加剧，它们全部在黑暗中熄灭。

举义招兵

一

　　黄宗羲之所以取道嘉兴，是因为他从邹臣虎那里得知眼下徐石麒正在该地，希望从后者那里知道更多的北方讯息。一路上的道听途说实在太多，真假难辨，唯一能确认的，是渡江督师的史可法正以扬州为镇守核心，全力抗清。

　　但朝廷昏聩如此，史可法能不能守住扬州，黄宗羲内心总有种说不出的不祥预感。

　　此时朝廷追捕的驾帖虽发，清军南下的消息却使得人心慌乱，沿路州县对通缉公文没心思应付，黄宗羲于四月底终于抵达嘉兴。

找到徐石麒府邸后，后者对黄宗羲的到来既惊讶又喜悦。不过，徐石麒终究是朝廷命官，不敢让黄宗羲在嘉兴停留太久，嘱咐他赶紧返回故里，一是余姚官员素与黄家交厚，未必会真的动手缉捕，二是四明山如化外之地，足可暂时藏身。

恰在此时，传来扬州失陷和史可法殉难的噩耗，满怀悲愤的黄宗羲告辞徐石麒，先前往杭州，探听刘宗周和其他友人之讯。当他披星戴月抵达杭州后，找到熊开元、张秀初、江道闇等旧友，才知刘宗周已归绍兴。此时众人早知南京沦陷、弘光帝仓皇出逃的恶讯，杭州风雨飘摇，随时会被清军奔袭。黄宗羲等人无不悲愤，眼见南都立朝，仅仅一年便土崩瓦解，实是不折不扣的国破家亡了。与熊开元等人洒泪道别时，黄宗羲擦泪说道："南都虽陷，江南未必绝望，我今且归里，必毁家纾难，以拯大明这半壁江山。"

回到黄竹浦时，已是五月底。各种恶讯纷至沓来，弘光帝逃至芜湖，进黄得功兵营安身，清军随即追至，黄得功兵败自杀，其部将田雄献帝投降。自此弘光朝解体，东南无处不乱。黄宗羲嘱咐二弟，先散家资、募义旅，自己则往绍兴一趟，师父刘宗周生死不明，实是担心。

黄宗炎惊讶说道："从此处往绍兴，早无坦途，大哥要如何前往？"

黄宗羲沉声说道："只二百里，愚兄徒步可去。不见师父，总是难安。"

翌日，黄宗羲背上行囊，徒步前往绍兴。路艰难行，十余天后才到刘宗周住处，刘府家人告知，刘宗周卧床已二十日，勺水不进。黄宗羲跪于床前，泪水在眼眶中滚来滚去，不敢哭出声来。刘宗周见黄宗羲前来，眼神微微一亮，却已无力起身，嘴更难言。黄宗羲忍住伤痛，将自己去南都半年多的情况一一禀报。刘宗周等他说完之后，只艰难点头，将手中一把羽扇费力挥了挥，闭上眼睛，似是睡去。

黄宗羲泪水再难抑制，夺眶而出。他知师父挥扇之意，乃命自己速速返回，当下叩别刘宗周，出门后扶住身旁之树，想起师父来日无多、天下崩裂之痛，再也忍不住，放声痛哭一场。当他收泪后，只见天空风云翻卷，惊雷隐隐，犹如末世来临，内心悲愤难当，回头再看了一眼刘宗周宅门，喃喃说道："弟子今日回乡，定举义旗，与鞑子决一死战！"

紧好背囊，黄宗羲往黄竹浦方向步行而去。

二

返回家后，黄宗炎和黄宗会告知长兄，已将全部家产变卖，又将最近余姚之事一一告知。黄宗羲一边听一边点头，心中已有计较，先将母亲姚氏送至中村避居，然后竖起义旗招兵。未到半月，有当地青壮年数百人应募而来。时年三十六岁的黄宗羲心中涌起慷慨之情，登台对众说道："今南都沦陷，天子被擒，杭州的潞王也降了，清军杀我汉民，掠我国土，又颁剃发之令，实乃不共戴天之仇，今九江道佥事孙嘉绩大人斩杀鞑子任命的余姚知县王玄如，与吏科给事中熊汝霖大人，率一旅之师，划江而守，黄某欲与乡里壮士投奔。"说到这里，黄宗羲停一停，目光扫视众人："有不欲前往者，今日可退，意欲前往者，今日随黄某祭拜天地，与鞑子决战，收复大明江山！"

数百人听得血脉贲张，同时喊道："与鞑子决战，收复大明江山！"

黄宗羲双手一张，待众人停声之后，扫视全场，说道："虽天子遭难，但大明朱氏子孙尚在，今张国维大人欲拥鲁王为监国，吾等明日出发，往蒿坝（今浙江上虞蒿坝镇）迎鲁王！"

眼前群情激奋，人人奋力喊道："蒿坝迎鲁王！蒿坝迎鲁王！"

第二天，黄宗羲兄弟三人为先，率数百黄竹浦弟子，高举绣有"黄"字和"世忠营"三字的大旗，步行前往蒿坝，迎接鲁王。

拥鲁王监国的是统有一万精锐的总兵方国安。潞王降清时，方国安率部从杭州退至钱塘江东岸，与先降清、后反正的王之仁组成联合武装。兵部尚书张国维与陈函辉、宋之普、柯夏卿早在六月十八日往台州亲迎鲁王，护驾绍兴。黄宗羲率义师步行至蒿坝接到鲁王，另有慈水义军沈宸荃、冯元骠和石浦参将张名振带兵汇合，眼见士气重振，无人不感振奋。

黄宗羲率"世忠营"驻军江上。看着迎风飘飞的面面大旗，黄宗羲终于感到一股按捺不住的激情，心中直想，待朝廷收拾安稳、气象一新之时，便可渡江迎敌了。再环视"世忠营"将士，人数虽然不多，但与沿江各部连成一体，处处弥漫同仇敌忾之气，黄宗羲独立江边，抬头喊道："此仍我大明天空！"

三

转眼十月来临，秋风萧瑟，钱塘波涌。

黄宗羲正坐大帐，与两弟商议军情，部将茅瀚进来通报，说有一个自称陆文虎的人求见。黄宗羲大喜，亲自出迎。营外敝袍裹身而立的，果然是一年多不见的陆文虎，经历了国破家亡，后者脸上已风霜尽显。

黄宗羲将陆文虎迎进大帐，落座后便问这一年之事。陆文虎长声叹息，告知去年北京城陷之时，自己混入难民离城，一路向南，辗转漂泊，打听到黄宗羲驻军于此，便赶来相见。

黄宗羲恳声说道："文虎兄既已到此，不如入'世忠营'，同抗清军。"

陆文虎脸色始终含悲，微微摇头，说道："宗羲兄丹心可敬，只是这浙东一隅，怕是长久不了。"

黄宗羲一怔，问道："文虎兄何出此言？"

陆文虎又是一叹，说道："宗羲兄毁家纾难，未分心他想。文虎一路看得清清楚楚，今方国安、王之仁接管浙东军权，拿走全部军饷，文虎且问一句，宗羲兄等义师何时得过朝廷一文饷银？"

黄宗羲闻言，痛苦咬唇，未做回答。

陆文虎继续说道："去年南京之败，便是因为四镇拥兵自重，不思进取，朝廷对此也无能为力。今鲁王虽在绍兴监国，却如去年南京天子，手无尺寸之权，连督师大学士张国维大人麾下也只区区数百人。以文虎来看，今日绍兴与去岁南京，无一丝差别。清军暂时休整，一旦渡江，怕是浙东难保。"

这番话若是他人来说，黄宗羲必怒不可遏，但陆文虎一言一句，无不是知己肺腑之言。见黄宗羲沉思不答，陆文虎又说道："浙东由孙嘉绩、熊汝霖二位大人起事为先，原本民心可用，如今义师军饷，绍兴不拨，需靠劝输才得，岂非将孙、熊二位大人和宗羲兄置于自生自灭之境？此事如鲠在喉，不吐不快，言辞过当处，宗羲兄谅之。"

黄宗羲站起身来，默然踱得数步，仰天叹道："文虎兄所言不差，只是宗羲既为大明之人，就只能行人事、尽天命了。"

陆文虎虽敬黄宗羲忠义，自己却内心悲观，留得数日，告辞而去。

四

眼见十二月来临，清军已隐有兴兵之态，黄宗羲按捺不住，提笔给王之仁去信，信上写道："诸公何不沉舟决战，从赭山直趋浙西，却日日于江上放船鸣鼓，攻其有备，其实是意在自守而已。浙东只有区区三府财赋，却要养十万大军，清军即便一箭不发，一年之后恐怕就无法支撑了，有什么可守的呢！"

信发出之后，如泥牛入海，未有半字回音。到翌年二月，算是答复传来，却是鲁王封黄宗羲为兵部职方司主事。黄宗羲悲愤难言，心知方国安、王之仁以为自己献进兵之策，实是要官，当即回信拒绝，明言自己只以布衣参军。这次回音很快，太仆寺卿陈潜夫和职方查继佐联袂而来，传旨将黄宗羲官职改为监察御史，仍兼职方。

黄宗羲接到王令，叹息摇头，随后不久，发生两件令黄宗羲意外之事：一是王之仁虽不肯进军，其子王正中将先败于檇李（今浙江嘉兴西南）、后又掳掠百姓的总兵陈梧击杀之后，率军来投黄宗羲，二是到五月时，孙嘉绩将自己麾下的火攻营交付黄宗羲指挥。

黄宗羲合并三处部众后，士卒已达三千。

大帐中黄宗羲招来孙嘉绩、王正中及尚留营中未归的陈潜夫和查继佐，手指地图，亢声说道："兵法有云：先发制人。今部众已三千，黄某决意渡江西进，先攻潭山，再取乍浦！"

众人闻言大奋，齐声说道："我等依令而行！"

寨毁潜居

一

四明山景色依旧，姚江水滔滔东去。

山中杖锡寺中，黄宗羲兄弟和部将茅瀚、汪涵等人点烛而坐，几人俱是风尘满面，疲惫不堪。

满面虬髯的茅瀚奋身站起，眼望黄宗羲说道："我军攻占潭山，约孙奭为内应，原可一举再取乍浦，没料方国安、王之仁的十万大军竟如此不堪一击，江防溃败，我们如今该当如何？"

黄宗羲默然凝视烛火片刻，缓声说道："三千部卒，今只余五百，我们先且据山结寨。"

茅瀚圆睁双眼："据山结寨？难道我们就此落

草不成？"

黄宗羲抬眼看着他，沉声道："落草为寇，岂是黄某所为？只是今日形势，乃不得已暂时为之。待山寨结好，我再去亲寻监国。"

众人都是一惊。黄宗炎说道："绍兴已破，监国不知所踪，大哥去哪里寻找？"

黄宗羲拳头握紧，"若天佑大明，愚兄便可寻得鲁王，再振作兴兵。"随即下令，五百军士扎营结寨，暂时安身。

风雨飘摇之际，人人心慌。待山寨结起之后，黄宗羲先携黄宗炎和黄宗会去中村拜见姚氏，此时姚氏正重病在床，黄宗羲兄弟泪水难禁。黄宗羲终还是说道："国家大事，不可因私而废，你们先且照顾母亲，愚兄必得出山，寻找监国了。"他又回转山寨，嘱咐茅瀚和汪涵二人守护山寨，尤其不得扰民，等自己回来。

二人答应下来，黄宗羲遂背囊而行。时方六月，四明山树叶正绿，江水还清。黄宗羲走上黄竹桥时，心中伤痛骤涌，只觉前路茫茫，不知何处才是终点。

二

一个月后，黄宗羲返回山中。

远远见二弟黄宗炎在黄竹桥头眺望，他一见黄宗羲出现，立刻疯跑至黄宗羲面前，尚未开口，已放声大哭。

黄宗羲大吃一惊，问道："家中母亲可好？"

黄宗炎又是点头，又是摇头，终于擦泪说道："我每日都在此等大哥回来，终于见到你了。"

黄宗羲被一股不祥之兆抓住，将黄宗炎双臂一摇，低低喝道："母亲可好？"

黄宗炎用力点头，说道："母亲身体还好。"

黄宗羲闻言，放下心来，慢声道："如何如此悲愁？"

黄宗炎刚刚擦去的眼泪又滚落下来，说道："我们、我们的山寨毁了。"

黄宗羲再次一惊。山寨乃他最后依赖之地，军士虽只五百，却是眼下留以抗清的唯一资本，自己虽然外出，却知清军未攻四明山，当即问道："出了何事？"

黄宗炎再次擦泪，终于把话说完："自大哥走后，我与宗会留在中村侍母，原想山寨有茅瀚、汪涵二人，不致有大碍，没料寨中饷粮告罄，茅瀚二人就近取粮，引山民恐惧，山民聚众焚寨，茅瀚、汪涵二人也死在大火当中。"

黄宗羲惊怒交迸，迈腿便往山寨跑去。黄宗炎紧跟其后。

到得山寨据点，眼前果是一片废墟，根根木桩上还残留大火烧过的黑色印痕。

这支武装是黄宗羲耗尽全部家财招募来的，心血付出巨大，如今毁于一旦，让他悲愤不已。黄宗羲怔怔站立，一阵山风吹过，空气中似乎仍飘过一股烧焦的气息。

三

当夜，兄弟几人在姚氏床前联话。

姚氏和黄宗炎、黄宗会都看着黄宗羲。自古长兄为父，山寨既毁，家中无银，不知将来如何打算，都等黄宗羲拿一个主意。他们已听黄宗羲说了，出门一个月，终还是没得到鲁王讯息。虽说在鲁王监国之前，因音讯不通，福建已有唐王登基称帝，但唐王也如南京的弘光帝和绍兴的鲁王一般，都被掌握军权的武将控制，无所作为。黄宗羲既奉过鲁王，也就打消了投奔唐王之意。他已看得清楚，除了徒有帝王之名的朱氏子孙外，那些跋扈的武将们没有谁真想收复大明江山，一切终究怕是雨打风吹去了。

眼见到了半夜，听得屋外山风呼啸，虽是夏日，山中还是感觉微寒。

姚氏的一声咳嗽使黄宗羲猛吃一惊。他思绪太多，适才始终沉浸在自己的内心，姚氏的咳嗽将他拉回现实，抬头见母亲和几个弟弟都凝望自己，伤感之情再次泛起。他定定神，终于开口说道："回山途中，四处都张贴缉拿我的文书。出山是险，留在此处也险。焚寨的山民未必不通报清人官府……"

黄宗会忍不住说道："那我们该往何处？"

黄宗羲看了三弟一眼，再凝视母亲，说道："我们明日往化安山避险。"

"化安山?"姚氏喃喃一句。

黄宗羲点头说道:"没错,化安山是爹的迁葬之地,外人难入,我们先且去陪爹爹在天之灵,天下变乱至此,鲁王难寻,我们正可休养一段时日,整理一些思绪。"

决心一下,黄氏兄弟和姚氏于翌日悄悄迁往化安山。

黄尊素坟前长出青草,黄宗羲兄弟各携家眷,打扫坟茔,清理丙舍,居住下来。这里果然是隐居佳地,黄宗羲等人暂时抛开世事,认真读书。他们都没有想到,在接下来的数年中,虽然多次迁居,往往处于穷岛空山之中,无人可以一起探讨学问,但黄宗羲在古松流水间推算历法,笔耕不辍,撰下《春秋日食历》《授时历故》《大统历推法》《西历假如》《测图要义》等著作。

四

转眼已是顺治六年(1649)。一日黄昏,黄宗羲正自执笔,外面黄宗炎走进,声音微抖地说道:

"大哥，鲁王派使者来了。"

黄宗羲猝然一惊，急忙搁笔，说道："我立刻出迎。"

走到门外，一位风尘仆仆之人见到黄宗羲，上前躬身说道："小人乃监国所遣，来此寻黄大人。"

黄宗羲只觉身躯颤抖，问道："监国现下如何？"

那使者答道："三年前绍兴兵败，监国由海道入闽，今已转至海上，特命小人寻访黄大人，可前往行朝。"

黄宗羲抬头看着天边暮色，心中陡然涌起豪情，双手握成拳头，说道："监国有了下落，黄某即刻动身！"刚一说完，黄宗羲像是想起什么，问道："眼下是鲁监国四年还是隆武五年？"

使者眼中闪过一丝伤感，叹息道："福建隆武爷已于三年前在汀州遇害了。"

黄宗羲闻言，只觉眼眶发热，泪水欲下。他虽奉鲁王监国，隆武帝却也是货真价实的朱氏子孙，若非当时音讯阻隔，鲁王未必在知唐王已登基称帝的情形下还受任监国。黄宗羲回想鲁王任监国两月后，隆武帝曾派使者来绍兴颁诏，朱大典、钱肃乐等人主张闽浙联合抗清，当奉隆武为正统，不料王之仁和国舅张国俊等人私心自用，坚决反对，导致两位藩王不仅未能联手抗清，还最终分庭抗礼、水火不容。黄宗羲未参与议政，在他眼里，无论谁为正统，自当以恢复大明江山为己任。今闻隆武帝殉国，悲伤难抑。

翌日随使者出山之后，只觉眼前一切，恍如隔世，又听闻王之仁虽不无私心，最终却以身殉国，嗟叹不已。今日兵势日蹙的鲁王真能肩起复国大任吗？忧时伤世的黄宗羲已不欲深思，也不再想追寻这一答案。

悍将专权

一

见黄宗羲前来海上行朝，鲁王大喜过望，当即封黄宗羲为左佥都御史，过些日子，又晋为左副都御史。黄宗羲人在谢恩，心里却在叹息，暗想我千里迢迢，投奔行朝，岂是为这一官半职吗？但他也非常清楚，对今天的鲁王来说，急欲行朝安稳，除了封官授爵，也拿不出其他赏赐。更何况，此刻追随鲁王的，绝大部分都为升官而来，是以在鲁王眼里，黄宗羲声望虽高，若说他不想做官，绝对不会相信，其他人也很难相信。

黄宗羲退出朝堂后，只觉心中悲愤难平。他知道自己身为大明之人，就该听命于朱氏子孙，浙东虽只一隅，但除了鲁王，还有其他人的血管流着大明皇族的血液吗？还有其他人可以坐上监国位置吗？现在鲁王既是监国，自己便得听其旨令，不论旨令是否吻合自己内心所想。吻合得听从，不吻合也得听从，数千年的历史写得明明白白，从前如此，以后也不可能改变。想到此处，黄宗羲仰天轻叹，强行抑制下内心泛起的一些自己也觉吃惊的念头，无可奈何地回转寓所。

六月，行朝接到定西侯张名振上书，称自己的部队从南田到了健跳所，鲁王可离海上，至健跳所监国。鲁王接讯大喜，健跳所隶属台州，台州恰恰乃鲁王从北京南逃后的寓居之所，根基不浅。得知讯息后，黄宗羲与大学士沈宸荃、刘沂春，尚书吴钟峦、李向中，侍郎孙延龄等人一并护送鲁王前往健跳所，七月初五抵达。

黄宗羲等人都没想到，到目的地后还没过一月，健跳所已成为清军的攻击目标。

当日黄宗羲刚刚起床，就听到外面喧哗声。他在军中一向警醒，立知情形不妙，情急之下，拿过一把靴刀，往鲁王宫殿奔去。外面遇见的军士告知，清军正从北面水道攻城。黄宗羲吃惊不小，眼下健跳所守军不多，张名振所统的大军尚未全至。

黄宗羲奔入宫中，对鲁王说道："监国勿惧，且先退后殿，此处臣来抵挡。"当下命人将鲁王送往后殿，自己率领百余士卒前往北门，张弓搭箭，下令清军靠近一个，射杀一个。自己则持刀在手，暗想若守不住城池，自己便以此刀自决。

清军渐渐涌上，守城军士器械不多，弓箭更少，眼见城池将破，忽见清军后队慌乱，举目一看，远处出现"大明荡湖伯"字样的旗帜，黄宗羲心中松了一口气。荡湖伯乃是阮进，素以作战勇猛著称，他今日驱兵救驾，来得实是及时。

攻城清军是一支千人小队。黄宗羲判断鲁王抵此的消息恐还没有为清军所悉，否则前来攻城的决非只有一支千人武装。

两天后，张名振大军全部抵达，健跳所算是安全了。

二

健跳所被攻，鲁王受惊不小，当即命张名振大军四面守城。

七月底，黄宗羲接到故人王翊来函，展阅之后，颇感喜悦。王翊眼下在余姚已聚兵数万，提出北伐的想法。黄宗羲即刻面禀鲁王："今余姚王翊聚得数万义师，提请北伐，望监国应允，拨付军饷。"

鲁王闻言，双眼朝张名振看去。他目前所依赖的是张名振军力，行朝大事，无不由张名振一言而决。

张名振眉头微皱，出列说道："王翊乃义兵，岂可和正兵相提并论？今朝中饷银，只够拨付正兵，义兵可仍如往日，自行劝输即可。"

黄宗羲吃惊说道："定西侯此言差矣！今浙东一隅，岂可困守？王翊有北伐之志，行朝当全力支持，军饷若是不拨，军士何以与北军交战？"

张名振冷笑一声："王翊不过是占山为寇之人，乌合之众，谈何与正兵相比？"

黄宗羲心头怒火涌动，想再劝说鲁王，却见坐于王座的鲁王只看着张名振，心内一寒，拱手说道："望监国三思臣意。"侧眼见尚书吴钟峦对自己微微摇头，心中一动，不等鲁王开口，又接着说道："臣先请告退，与王翊使者再行相商。"

退出之后，黄宗羲当夜前往吴钟峦府邸。

吴钟峦请黄宗羲落座之后，微微叹道："黄大人今日朝上之言，实是不可再说。"

黄宗羲抑住怒气："尚书大人此言何意？"

吴钟峦又叹息一声，"定西侯手握兵权，刚愎自用，岂会分权给他人？今王翊身为义师，赤心为国，却来函给黄大人，给监国的表贡也不通过定西侯转呈，定西侯如何会允？"

黄宗羲心中一悲："如此一来，北伐如何有望？"

吴钟峦叹道："今天下形势变易，能守住浙东，便已为幸事了。"

黄宗羲见对方脸色含悲，心知吴钟峦此言绝非贪生怕死，更非贪恋眼前富贵，实是说出了人人眼见的冷酷现实，他痛苦地摇头："大明果然不能恢复了？"

吴钟峦缓声道："我等竭尽全力便是，其他之事，俱乃天意了。"

告辞吴钟峦后，黄宗羲心中大悲，眼见行朝实权，俱在张名振之手，张名振对鲁王忠心不假，却是大权在握时，不欲他人染指，只凭己意独断。人心深幽，实难一言以蔽之。

三

翌日上朝之时，黄宗羲再次禀奏："今朝外义师不少，却形如散沙，不如行朝封授其职，可联结为抗清正兵之旅。"

鲁王尚未开言，张名振已出列说道："张某听得明白，黄大人之请，还是为昨日王翊所言吧？今敌军势大，非张某无北伐之念。黄大人既觉朝外义师可依，张某也不多言，请监国封他个河南道御史便是。"

黄宗羲冷冷看张名振一眼，也不等鲁王说话，直接说道："职卑位低，何以收束人心？古人曾说：

'忠无不报，信不见疑。'臣观诸营文臣，皆为侍郎、都御史，武臣则为将军与都督，无不为三品以上者。王翊虽在朝外，却心向王室，举义抗清。监国应知，去年三月，王翊破上虞，杀清廷摄印官，浙东震动，功劳之甚，无人不睹。今兵势日强，为浙东义师之首，可震强敌。臣以为宜优其爵，方不寒其心，使之名正言顺，总督朝外诸营，护卫海上。"

鲁王闻言，心中颇动。他先看了看张名振，见后者未说话，才点头说道："本王准黄大人所奏，传我王令，封王翊为右佥都御史。"

黄宗羲谢恩退出，心中却是雪亮，今日能封授王翊，虽是难得，却于事无补。王翊空有官衔，面对的毕竟是如狼似虎的清军，若空衔能退敌复国，给人人封官，岂非失地早复？但即便这番自欺欺人之举，也须得张名振默认，实是行朝之悲。再想想自己，辗转来奔，上书谏言，无一能落到实处。当年南京福王登基之后，马士英等人独揽朝政，只知兴修宫殿、搜括民财，竟使南都传出"都督贱如狗，职方满街走。相公只爱钱，皇帝但吃酒"的谣曲。前车之鉴不远，难道行朝也要步其后尘吗？

眼望天边滚滚乌云，想到自己奔波到此，究竟是为了什么？黄宗羲只觉心头苦涩，脚下跟跄数下，险些跌倒。

东流不返

一

八月江南，总是风和日丽。黄宗羲与吴钟峦先后下船，并肩往尚书府走去。

吴钟峦微笑道："黄大人适才所讲，下官委实心有所触。"

黄宗羲微微摇头，说道："吴大人才学素来令宗羲钦服。今日所言《授时历故》，不过当年于化安山研读时一些微念，船上学子，不知几人能懂，宗羲谈历法，实乃欲使学子知各朝兴衰，知天时之变。"

吴钟峦拂开身边垂柳，说道："黄大人良苦用心，若得有一二人领悟，便是不坠书本之谈了。"他停了停，续道："这些时日，黄大人一直只往船中讲学，不肯上朝，是对张名振大人……"他没有说完，只凝视黄宗羲。

黄宗羲脸色肃然，叹气道："吴大人也亲眼所见，今日行朝，张名振大人已是一手遮天，武臣倒也罢了，文臣若与之意见相左，便惹上祸端。宗羲宁愿船中授学，也不想与张大人朝中相辩。"

吴钟峦闻言，前后看看，见身后只跟着自己府中随从，稍稍放心，还是不自觉压低声音说道："黄大人切勿高声，若传入张大人之耳，恐出事端。"

黄宗羲停下脚步，双眼看向大江，肃然良久，像是自言自语地说道："三国姜维，曾假降钟会，意图恢复蜀汉，先决所恃，是手握全蜀之兵，今宗羲部属散尽，空有抱负，无以得酬，如今所想，便是能将我汉人学问，传给后人，不致满清之后，诸学无踪。"

吴钟峦吓了一跳，又看看左右，说道："黄大人噤声，此言传入朝中，岂非落个诅咒朝亡之罪？"

黄宗羲似是未闻，感伤涌起，摇头道："天地虽广，却不知何处能安这心中之痛！"

吴钟峦不敢接言，踌躇片刻，说道："今日府中，已备有好酒，下官且与黄大人一饮。"

黄宗羲转头看着吴钟峦，苦笑一声："宗羲心中累积无数之言，今日只可对吴大人一吐为快，只盼他日酒醒之后，朝纲能振，大明之旗，能再插北方。"

说完这句，黄宗羲的苦笑转为自嘲："今日便不醉不休了！"

"好！"吴钟峦也终于敢提高声音了，"今日不醉不休！"

二

又过得几日，黄宗羲一如既往，和吴钟峦在船中正襟危坐，对青年学子授说《泰西历法》。谈得未到一个时辰，忽听得岸上马蹄声急。他抬眼看向岸边，见一骑沿岸飞奔而来。凝视片刻后，黄宗羲猛然站起身来。他认出来了，来人是自己三弟黄宗会。

黄宗羲心想三弟前来，莫非家中出事？当即撩起衣襟，踏船板上岸。

黄宗会催马到得近前，翻身下来，紧步走至黄宗羲面前。

黄宗羲见三弟脸色颇为慌乱，问道："三弟何事惊慌？"

黄宗会抬腕擦擦额头之汗，从怀中掏出一纸文书，递给黄宗羲："大哥请看。"

黄宗羲接过一看，竟是清廷所下文书，四角均破，显是黄宗会从墙上取下时所撕。他上上下下看过，脸色凝重。吴钟峦也已走来，黄宗羲顺手将文书递给吴钟峦，低沉说道："吴大人看看。"

吴钟峦接过，将文书看完，喃喃道："胜国遗民不顺命者，录其家口以闻。"

黄宗羲脸色悲愤，痛声说道："鞑子真乃狠毒！抓抗清志士抓不到，就抓其家人，想那孤儿寡母何其无辜，竟也不肯放过。"

他转眼再看黄宗会："化安山现今如何？"

东流不返　105

黄宗会神色紧张地答道："清廷知大哥辅助鲁王，便想将母亲等家人捕获以相威胁，已数次搜山，幸好尚未搜到，二哥已藏好家人，只是、只是迟早而已……"

黄宗羲眉头紧皱，走得几步，又转身看着吴钟峦："主上召我扶持，乃因宗羲系忠臣之后，宗羲也不忍离开，今母亲有危，方寸已乱。今日宗羲当上表以陈情，盼主上能允宗羲更变姓名，归家救难。"

吴钟峦抬手说道："黄大人三思……"一句话还未说完，便已知自己无法阻拦。眼下黄宗羲在朝，早身处边缘，不论鲁王出于自愿还是被迫，都只听张名振一人之言。黄宗羲即便留下也是难有作为，当下转为一叹，不再相劝。

翌日，黄宗羲朝中上表，请命归乡。鲁王和张名振都未作挽留，当廷准奏。

黄宗羲见自己最后奉上的陈情表只被鲁王随手搁于一旁，也不多言，谢过鲁王，于朝中与众臣揖别，众臣也无人出言劝鲁王留下黄宗羲。看着黄宗羲只影走出，有的叹息，有的摇头，有的脸上露出暗喜之色，更多的是一脸事不关己的漠然神情。

三

翌日，吴钟峦在府中为黄宗羲兄弟饯行。吴钟峦极是不舍，将黄宗羲兄弟送至码头。黄宗羲见码头停靠两条三板船，微怔道："我们兄弟在此与吴大人别过了。"

吴钟峦叹息一声，说道："吴某且再送黄大人一程。"

当即下令，两条船同时驶出。他和黄宗羲兄弟同坐一条，另一条却只一个船夫。吴钟峦说道："这条空船，老夫回转时乘用。"

黄宗羲大是感动，三人上船，往北驶去。

海上波涛平静，一片茫茫。

黄宗羲凝视舱外良久，他曾与父亲同舟，与祖母同舟，与文震孟同舟，与刘宗周同舟，此刻又与吴钟峦同舟，每次舟行，都心情不一，却感受一次比一次深刻。转过头来，对吴钟峦说道："今日与吴大人一别，恐是后会无期了。宗羲在朝中日久，有些肺腑之言，想与吴大人说出。"

吴钟峦心中感伤，点头道："黄大人有言，吴某洗耳恭听。"

黄宗羲陷入沉思，眉头微皱，轻轻摇头，说道："大明二百多年江山，时至今日，恐大势已去，近来宗羲总自暗思，各朝兴衰，翻覆天下，一人之利与天下人之利，究竟何者为轻，何者为重？使天下受利之人，该当勤奋千万倍于天下之人，其利不为一人独享，而为天下人所享。故此等人，必非天下之人所欲为也。"

吴钟峦吃惊道："此等人何处可有？"

黄宗羲凝目深思："上古尧帝欲传位许由，许由不肯接受，逃至箕山隐居，尧又欲请其出山为九州长，许由闻后，至颍水洗耳，此为不居天下者，而尧、舜二帝，居天下又去天下，皆乃真人君。"

尧、舜、许由之事，饱读诗书的吴钟峦自然熟知，只是此刻从黄宗羲嘴里说出，却有振聋发聩之效，心念一转，吃惊说道："黄大人此言，是觉今日……"他终于不敢说下去。

黄宗羲似未闻吴钟峦说话，脸上仍是沉思之

色。"今天下大乱，乃国无尧、舜所致，古时天下，万民至诚拥君，比之父、拟之天。今日为君者，不过血脉相传，天下利益，集于一身，"他挥袖朝窗外一展，声音也提高了，"可天下之大，岂是一人私产？乃兆人万姓之产。天下乱，非一姓之兴亡，乃万姓之忧，是以桀、纣之亡，天下方得大治，为人臣者，岂可只视君王喜怒，不视万姓哀愁？"

吴钟峦越听越是心惊，只觉黄宗羲句句言古，又句句指今日朝廷，幸好人在舟海之上，划船的舟子也听不懂黄宗羲说的是什么。这番惊世骇俗之言若被人告入朝中，只怕等着黄宗羲和自己的，便是人头落地之灾了。

不过，黄宗羲的话还是令吴钟峦惊诧无比，他无法得知黄宗羲这些想法从何而来。似乎一扇隐秘的门在自己面前打开，里面充满自己从未想过的念头，而那些念头虽然没有想过，却不能说它是错，但若说它是对，又和自己一贯遵从的思想颇为对立。

吴钟峦嘴唇一动，想说什么，还是没说出来。

黄宗羲目光凝定，摇摇头，似是想修改自己脑中涌上的念头，又转头看向舱外，眼见沧海茫茫，不见起点，也不见终点，心中又茫然一片。

　　吴钟峦转过话题说道："黄大人今番归里，但盼还能再来行朝。"

　　黄宗羲凝视舱外波涛，喃喃说道："譬如逝水，东流不返。"

　　吴钟峦感伤涌起，说道："行朝渐空，如何留不住黄大人？"

　　黄宗羲摇头说道："宗羲归里，不得已为之，只能先行侍母，适才所言，也须认真思索，或能执笔为文，留后世评判。"

　　二人话题随后转向今日形势，都觉弘光朝时，南京有四镇大军维护，尚只支撑一年，如今鲁王行朝兵微将寡，前途如何，似是可见，聊得良久，俱感悲观。

　　黄宗羲走出船舱，命舟子停船，回身对吴钟峦说道："吴大人相送，已出三十里，终须一别，今日便至此了。"双手抱拳，伤感不已。

　　吴钟峦也起身抱拳，二人于舟中洒泪而别。

刑场换囚

一

回到化安山时，正是八月八日，恰逢黄宗羲四十岁生日。

走至家中，姚氏与家人正摆开一桌寿筵，不论黄宗羲是否回来，姚氏都坚持给长子做一桌菜肴。黄宗羲进门看见，忍不住怆然泪下。姚氏等人见黄宗羲风尘满面地归来，无不悲喜交集。

黄宗羲见姚氏较从前更为清瘦，心中大悲，给母亲请安之后落座，转眼见三弟黄宗会、四弟黄宗辕、五弟黄宗彝均在，独独未见二弟黄宗炎。姚氏说道："宗炎现今在侍郎冯京第军帐。"黄宗羲闻言惊喜。万没料到自己刚刚离开鲁王行朝，弟弟却已加入抗清队伍了，当下也不多问，看着桌上酒杯，想起自己四十年人生，感慨不已。他的人生经历和其他人的经历几乎没什么两样，毕竟天下大乱，而眼见改朝换代的趋势不可改变，只觉食难下咽。

姚氏只缓缓说道："麟儿回来就好，娘唯一所盼，便是你们兄弟无伤。"

黄宗羲心头悲凉，停筷问及清廷对四明山的搜索。

姚氏轻声叹息，告知清人已经多次搜山，但凡与清廷对抗的，无不抓捕。眼下在化安山藏身，尚且安全，不过，近日山麓已出现鬼鬼祟祟的陌生之人，只怕化安山也难以久居了。

黄宗羲沉思一阵，说道："此处确已不可久居。不如我们明日迁往城中，余姚已经清人搜捕，反倒更易栖身。"

姚氏等人闻言惊讶，细思却觉黄宗羲所言不无道理，当下人人赞同。

翌日，黄宗羲奉老携幼，迁往余姚，住得月余，又再迁居慈水。在慈水也住得不久，听得清军缉捕黄宗羲的风声日紧，黄宗羲携家干脆再迁上虞，投奔姚氏兄长之家暂避。

此时已至十月，黄宗羲在舅父家住得没有几天，有人忽然登门。

黄宗羲识得此人，乃曾奉命去化安山请自己出山往鲁王行朝的使者。

二

黄宗羲将使者请入内室。

使者落座后告诉黄宗羲，因清军攻打甚急，行朝已从健跳所迁往舟山，眼下舟山军力薄弱，鲁王在朝议之后，决定复召黄宗羲、冯京第和澄波将军阮美乞师日本。

黄宗羲吃了一惊："乞师日本？"

使者说道："鲁王特令小人前来寻访黄大人，幸好黄大人二弟在侍郎大人麾下，小人才得到此处。"

黄宗羲站起身来，叹息一声，心中暗想，清军势大，行朝难以抵敌，命我等前往日本乞师，当真是走投无路了。想到此处，不觉悲凉。他离开健跳所时，原以为自己不会再与行朝发生往来，此刻见鲁王已到山穷水尽之地，特命使者前来，自己如何还能拒绝？又转头见使者神情黯淡，终于点了点头，说道："黄某先且与冯侍郎与澄波将军汇合。"使者脸有喜色，低声告知，冯京第眼下在慈水杜岙结寨。

数日后，黄宗羲在慈水与冯京第、阮美汇合，三人率百人乘船入海，往日本而去。

临走前，冯京第将山寨交给黄宗炎指挥。

黄宗羲知二弟虽在冯京第帐下有些时日，还是担心他无法挑起这副担子，却见冯京第部下除了弟弟，也无他人可服众，当下也只能嘱咐几句。

黄宗炎自然应命。

出海之后，过得数月，已是顺治七年（1650）来临。当黄宗羲与冯京第、阮美从日本长崎归来时，神情沮丧，因为日本江户幕府直截了当地拒绝了鲁王的求援。三人心知大明日益缩小的版图将被蚕食殆尽，却无以为计，决定先往慈水杜岙山寨，再行定夺。

众人抵达慈水，沿着往山寨的弯路前行时，冯京第忽然停下脚步，仔细观察周围，皱眉说道："吾等出门数月，此处不似当日离开之时。"黄宗羲等人也感觉气氛不对，众人寻到一大石后躲下，冯京第命一个手下乔装成渔民，潜往山寨打探。

过不多时，那人回转，惊慌失措地说道："不好了，山寨被清军攻毁了！"

冯京第和黄宗羲等人大吃一惊。黄宗羲急声问道："山寨还有何人？"

那人摇头道："山寨全毁，无一人在。"

黄宗羲再也忍不住，低低一声惊呼，心想山寨全毁，不知二弟性命如何？顿时心如乱麻，猝然一阵天旋地转之感。冯京第在旁，紧紧抓住黄宗羲胳膊。

三

窗外寒风呼啸，夜如墨染，无月无星。

万履安举支蜡烛，进入内堂。将蜡烛放于桌上，室内渐亮，桌边有三人从漆黑中浮现。

除黄宗羲外，还有高旦中和冯道济——他们都是万履安在宁波的密友。

前来宁波，是黄宗羲多方打听后终于得知，在冯京第一行离营赴日之后，清军大举进攻浙东各处山寨，黄宗炎所在杜岙山寨遭重兵围攻，全寨尽毁，黄宗炎被生擒，目前正关在宁波鄞县大牢，遂赶紧潜入鄞县，住进万履安家中。

三人看见万履安落座，高旦中问道："是何人前来？"

万履安说道："送讯的。"他将手中的纸条打开，几人凑近烛焰，看得分明，上面写着黄宗炎消息。黄宗羲圆睁双眼，说道："后日便是行刑之日？"

万履安皱眉点头，低声说道："斯程识得清营中一管带，可做如此安排。"随即将儿子万斯程的计议一一说出。

黄宗羲听万履安说完万斯程的计划，惊讶道："如此能行？"

万履安仍是低声说道："此法固然冒险，但距行刑只有两日，再大的险，也只能一冒了。"

黄宗羲摇头说道："宗羲担心斯程啊。"

万履安凝目蜡烛，说道："此乃唯一之法，宗羲兄勿虑，斯程行事稳重，不至于到现场时慌乱。"他目光又转向高旦中和冯道济："旦中与道济兄也一起看看，这个法子可有漏洞？"

当下四人将后日之事细细斟酌，前后演示数次。冯道济看着黄宗羲说道："应无纰漏，就等后日斯程行事，宗炎兄生死，在此一举了。"

黄宗羲缓缓点头，又看看万履安，后者虽皱眉沉思，却似是把握十足。

高旦中补充一句："救出宗炎兄，乃为我汉民救一学人，非成功不可！"

几人心中同时一凛，初时只觉救人乃本分，听高旦中所言，却是为汉民而做了。此时清方势力虽不断蔓延，黄氏三兄弟的声望却日益增强，早有"浙东三黄"之称。眼见清军八旗铁骑横扫南北，自不能让汉学也随国土而亡，否则，那便是真正的亡人心、亡天下了。

几人心头，陡然涌上激昂的热血。

四

行刑日当天傍晚。

眼见窗外天色越来越暗，黄宗羲在房中不断踱步，时不时停下，听听外面动静。

门外始终寂静无声。

高旦中和冯道济出言安慰黄宗羲，但二人也是心中无底，不知万斯程的办法究竟能否准确实施，只要稍有不慎，不仅救不出黄宗炎，只怕他自己和全家人性命也将被殃及。

看看戌时已至，外面天色完全黑了下来，寒风再次呼啸。

黄宗羲忽然一言不发，几步走到门前，拉开门，一步迈出。

高旦中和冯道济齐吃一惊，两人紧步追出，说道："宗羲兄，稍安勿躁。"

黄宗羲停下脚步，抬眼望天，摇头道："履安出去已半个时辰，尚未回转，我在室内如何安心？若斯程已救出宗炎，我正好出去相迎。"迈开大步，继续往外走去。

高旦中和冯道济互相看看，知留他不住，二人心意相通，索性和黄宗羲并肩往大道上走去。

三人刚刚走入大道，只见远处走来模糊人影。

黄宗羲更不思索，迎将上去。

来人果然是万履安和万斯程父子。

在万斯程肩上，扛着浑身是伤的黄宗炎。

黄宗羲又是伤心又是喜悦，紧步上去，见黄宗炎双眼紧闭，万斯程气喘吁吁，万履安在一旁相扶，急忙说道："斯程先且放下，待我来。"

万斯程喘口气，脚下不停，勉力说道："先生勿虑，我们赶紧回屋，以免清军追来。"

黄宗羲哪里肯听，坚持将黄宗炎从万斯程肩上接过，扛在自己肩上，大步回走。

到得屋内，高旦中和冯道济即将准备好的药物给黄宗炎涂抹伤口。

黄宗羲眼中含泪，对万履安躬身道："多谢履安兄相助。"又转向万斯程："斯程没累着吧？"

万斯程脸上一笑，天气虽寒，却是额头见汗，抬袖擦过，说道："今日好险！鞑子将行刑推至晚间，因看管甚严，弟子结识的赵管带未能狱中换囚，斯程只得临时行险，待宗炎先生被带至法场后，赵管带忽然灭火，斯程立刻乘黑冲进法场，背负而出，赵管带将安排好的另一死囚堵嘴推入。斯程趁乱脱身，还好未被发现。"

黄宗羲明白，万斯程说得轻描淡写，其中经过，委实凶险万分。

像是怕黄宗羲继续担心，万斯程又补充道："赵管带本是汉人，与斯程相识多年，后随军不得已投降鞑子，心中始终不甘。今日能出力救出宗炎先生，他也心中甚喜。"

黄宗羲点点头，转头看着卧于床上的黄宗炎。高旦中和冯道济已将药物尽数涂抹在黄宗炎的伤口上。黄宗炎忽然"哼"的一声，似是醒转过来。

黄宗羲疾步走至床前坐下，伸手轻握弟弟之手，低喊一声："宗炎……"

黄宗炎费力睁开双眼，见眼前是兄长之脸，嘴唇一动，悲伤与喜悦，同时在眼内闪动。

潮息烟沉

一

顺治七年（1650）冬，为躲避搜捕，黄宗羲从西园移居柳下。自去年前往日本乞师失败后，黄宗羲满腔悲愤，开始动手写《日本乞师记》《海外恸哭记》二书。此后数年，他在东躲西藏中笔尖不停，撰写了《赣州失事纪》《绍武争立纪》《舟山兴废》《沙定洲纪乱》各一卷。后来，黄宗羲痛感鲁王、唐王争立，不能同仇敌忾而失去对敌良机，将隆武帝、鲁监国及永历帝之事合并为《行朝录》一书，以为后世之警。

顺治八年（1651）夏末。这天，黄宗羲如往日一样写作,三弟黄宗会叩门而入,迎着黄宗羲抬起的目光说道:"大哥,侍御王正中大人来了。"

"哦?"黄宗羲大感意外。王正中乃自己六年前建"世忠营"时,在鲁王绍兴朝中的定海总兵王之仁之子。当时王之仁对黄宗羲渡海攻敌之策置若罔闻,王正中却率军来投,使实力大增的"世忠营"赢得潭山之捷,当时震动浙东。黄宗羲后来再辅鲁王之时,王正中统军在外,二人未能相会。此刻听说王中正前来,颇感惊喜,即刻出迎。

到得外间,负手面对门外的人转过身来,果然是王正中。

黄宗羲走上数步,施礼相见,请王正中坐下后说道:"忽忽数载,真恍如隔世了。"

王正中感慨一叹,说道:"今日生者,俱是死里逃生之人啊。"

黄宗羲缓缓点头,说道:"正中如何到了此地?"

王正中答道:"正中奉监国令,秘密联络内地,昨日到得柳下,闻黄大人在此避居,便前来相见。"他停一停,又补充道:"自黄大人离朝,监国时感懊悔，听得黄大人曾往常熟访钱谦益大人，劝其反正金华总兵马进宝，又闻大人去年救得被捕的熊汝霖大人夫人，凡此种种，朝野皆闻，监国屡有念叨，盼黄大人能再赴行朝。"说罢，双眼涌上渴望之色，凝视黄宗羲。

黄宗羲轻叹一声，沉思片刻，说道："宗羲在朝，难有作为；若是在野，四方讯息颇多，足可多方警醒。今闻清廷欲攻舟山，正中正可及早返回，嘱张名振大人提前作准备，方能保舟山不失。"

王正中吃惊道："清廷欲攻舟山？"

黄宗羲苦笑道："今清廷几乎夺取了浙闽、两广之地，岂容舟山久安海外？更何况往日与舟山声息相通的四明山寨如今大多已不存，舟山危矣！难道行朝无人见及此点？"

王正中暗自吃惊，起身说道："正中还有其他任务在身，先且派人将黄大人之言转告行朝，张名振大人当将全力做好守御。"他不再多言，与黄宗羲拱手而别。

黄宗羲在门前看着王正中匹马远去，痛苦摇头，涌上心头的，是心惊肉跳的"覆巢之下，岂有完卯"八字。

二

数月后，黄宗羲在书房怔坐良久，忍了又忍的泪水还是顺颊而下。

他擦擦泪，将面前的《海外恸哭记》打开，想起数年来的种种经历，尤其听得昨日带恶讯前来的王正中使者之言，知自己所有的雄心已尽数化为泡影。收泪后右手伸出，从笔架上提起毛笔，墨汁里蘸得良久，终于在书后开始续写。

原来王正中的使者昨日来宅告知，张名振对黄宗羲发出的警告不以为然，自恃麾下水军力量强盛，与鲁王一起带大军直捣吴淞口，企图使清军陷入进退两难的境地。舟山兵力空虚，清军平南将军金励、固山额真刘之源及南明降将陈锦、田雄分三路来袭。曾解救健跳所危机的荡湖伯阮进出海拦截清军，在横水洋兵败殉国。舟山陷入重围，守军拼死力战，终于不支，城破。大学士张肯堂、礼部尚书吴钟峦、兵部尚书李向中等官员以及鲁王妃陈氏等纷纷遇难。鲁王、张名振、张煌言等人率军火速回援，在舟山海域遭到清军的顽强阻击，只能眼睁睁看着舟山城陷落。众人无处可去，只得南逃入闽。

自此，鲁王行朝灰飞烟灭。后来，鲁王被遥奉永历帝朱由榔的郑成功安置于金门。

得知舟山城破的惨状，黄宗羲悲伤难抑，尤其与自己肝胆相照的吴钟峦，当年舟送自己三十余里，厚谊刻骨，今日竟阴阳两隔，只觉肝肠寸断，泪难自抑。熟读史书的黄宗羲如何不知，天下兴亡有数，兴一朝，亡一朝，自古皆然。只是亡国之人总不甘亲见山河变色，所以每至改朝换代之时，总有明知不可为而为之的人挺身而出，但谁又能真正做到力挽狂澜呢？历史总有冥冥定数，非言语能够说清。

眼下永历帝也已丢失湖广，退至贵州，大明版图日益减少。

复国还有望吗？黄宗羲痛苦摇头。

他一边思绪如潮，一边勉力镇定，一个字一个字地续写《海外恸哭记》。

燃了整夜的油灯终于渐渐熄灭，黄宗羲抬起头来，从窗外已透进一缕苍白的晨光。

他终于停下笔，当年建"世忠营"的时刻情不自禁地涌上脑海。他拔下几根头发，举眼前看去，黑多白少，暗想自己才四十二岁，竟头白如斯了？真是时不我待啊。难道不能像当年一样，再次聚兵吗？也许，历史还是可以改变的。毕竟，南下的清军不论多么势大，终究是异族之人，数十倍于敌的汉人就不能同仇敌忾地聚集一起吗？

黄宗羲搁下笔，将拔下的头发举到烛火上烧尽。

三

决心一下，黄宗羲将几个弟弟召来，将自己欲再武力抗清的念头说出，黄宗炎和黄宗会极力赞成。几兄弟当下暗蓄钱财，准备找准时机，再次举义。

时间一天天流逝，转眼到了顺治十三年（1656）三月，杭州桐庐县戴家山上，黄宗羲携二弟黄宗炎、三弟黄宗会及五弟黄宗彝正墓祭在杭州死难的友人，忽听得身后杂草乱响。几人刚一回头，只见一群山贼执刀而来，领头者是一独眼，只听他厉声喝道："山寨连日都无酒钱，把这几个人给老子绑了！"

黄宗羲兄弟俱是书生，哪里打得过山贼？连辩解一下的机会都没有，便被众山贼一拥而上，各自捆了个结结实实。

黄宗羲心头叹息，暗想道：罢了罢了，统军时未死在清军之手，今日竟要死于一群山贼手上。但他今日墓祭，心情原本萧瑟，被山贼捆缚，也不如何慌张，任由其带入山寨。

第二日，牢门一响，黄宗羲抬眼看去，见那独眼站在门外，笑道："原来是浙东有名的黄宗羲大人，小人真是冒犯了，得罪得罪。"他左右一望，喝道："来人，把黄先生带入厅中喝酒压惊。"

黄宗羲等兄弟也不多言，跟着独眼往大厅走去。

厅内果然摆有一筵席，席中一人微笑起身，走来相迎，对黄宗羲拱手说道："世伯大名，如雷贯耳，不意今日幸会。在下姓沈，双名尔绪。从慈水来我兄弟山寨，听得黄世伯在此，实是惊喜过望。"

黄宗羲听他说得客气，当下拱拱手，也不说话。

见黄宗羲兄弟不坐，沈尔绪嘴角一笑："在下乃沈昆铜外侄，不知听叔父说过多少次世伯之名了。"

黄宗羲一听沈尔绪竟是沈昆铜外侄，惊喜交加。自十一年前，沈昆铜与沈眉生、吴应箕亡命海外之后，再无消息，不料今日竟见其侄，仔细看去，果然眉目依稀类似。随即想起故人生死不知，感伤又自心中泛起。

众人落座之后，沈尔绪说道："小侄在慈水已招得数千人马，欲攻取大兰山（今浙江余姚大岚山）为基地。"

黄宗羲大喜，说道："黄某数载蓄资，便是欲再举义旗，贤侄挥师，黄某当唯汝马首是瞻。"

沈尔绪赶紧摇手，恳声说道："世伯毁家纾难，建'世忠营'取潭山，名震当世，小侄当追随世伯，共谋大事！"说罢站起身来，肃容端杯，补充道："大兰山乃四明山核心，取得此山，便可在四明山安营扎寨，以为根本。小侄这杯酒，先敬大明江山！"

黄宗羲等人也肃然起身，与沈尔绪碰杯之后，将杯中酒尽洒地上。

四

战火熄灭了。

刚才还惊天动地的喊杀声消失了。黄宗羲眼见沈尔绪死于清军的羽箭之下，他自己也险些被乱箭射死。幸好，给黄宗羲担任护卫的独眼挡住了飞来的敌箭，临死前咬牙将手臂受伤的黄宗羲推上马背，让黄宗羲从战场上退了出去。

沈尔绪的义旅只经一战，还没有来得及占据大兰山，就被兵力占优的清军一举击溃。

黄宗羲骑在马上，感觉手臂在流血，恍恍惚惚中奔至四明山北麓化安山。

姚氏见儿子受伤回来，没有怎么惊慌，只是亲自给儿子包扎伤口。等黄宗羲睁开眼睛后，她问了句："宗炎没有回来吗？"

黄宗羲眼中盈泪，说道："宗炎被擒了。"

姚氏嘴唇动了动，喃喃说了句："你们都像你爹。"

黄宗羲在家养伤十余日后，已无大碍。他心中如何不知，母亲伤痛未加流露，实则已至极点。当日战场太乱，遭遇的又是清军主力，沈尔绪死了，自己受伤了，眼见黄宗炎被敌生擒，心知这次怕是性命难保。这日勉力起身下床。就在这时，忽听得门外有人叩门。他上前打开房门，顿时又惊又喜，门外三人，乃故人朱湛侯和诸雅六，而在他们中间，不是黄宗炎又是谁？

黄宗羲惊喊一声："宗炎！"赶紧将他们让进。

听得讯息的姚氏急忙过来，看着死里逃生的黄宗炎，终于还是忍不住泪水，抚摸儿子的脸颊，说道："你回来了，你回来了。"

黄宗炎浑身是伤，多半未好，挣扎着说道："幸亏湛侯和雅六二兄设法相救，不然这次真是凶多吉少了。"姚氏即刻道谢。

朱湛侯和诸雅六同时说道："宗炎为国效命，我等出些微力，何足挂齿。"

不过，人人皆知，黄宗炎二次被清军捕获，在清人眼里，所犯乃灭族的造反大罪，能将其救出，其中艰辛曲折，自不会是朱湛侯嘴里的"微力"二字所可形容。

当日，黄宗羲和朱湛侯、诸雅六及几个弟弟往父亲坟头点烛。

黄宗羲跪在墓前，低声说道："宗羲一心拯我大明，奈身微力薄，独木难支。眼见江山沦亡，从今日始，宗羲便作大明遗民，在爹坟前发誓，此生永不事清！"说罢叩下头去，久久未起。

虽然时局变化越来越恶劣，但在此后数年，黄宗羲仍然隐秘地期待着复明事业有一线转机。然而，等到鲁王朱以海病逝于金门的消息传来，黄宗羲始有潮息烟沉之叹，对形势感到完全绝望。

黄宗羲跪在墓前，低声说道："从今日始，宗羲便作大明遗民，在爹坟前发誓，此生永不事清！"

明夷于飞

一

又一次前来杭州，又一次看见西湖。不论天下如何震荡，西湖始终安详如镜，映照着天空日月，映照着来来往往的人流倒影。

身躯瘦弱、须发皆白的黄宗羲在湖边站立良久，伸手掐算着什么，然后轻叹一声，对身边的黄宗炎说道："岁月不居，时节如流，五十之年，忽焉已至。古人诚不我欺啊！愚兄平生碌碌，两鬓萧萧，这苏堤白塔，万载西湖，竟丝毫不见老态。"

黄宗炎也凝视西湖，说道："弟也不惑之龄早过，却是难以不惑。"

兄弟二人喟叹一番，俱是心情复杂。十余年来的奋力抗争，终究抵不过天下大势。此时是顺治十七年（1660）秋，大明永历帝已逃到缅甸，只有郑成功犹在东南一隅支撑。此时无人不知，改朝换代不是不可能，而是已经完成。

黄宗炎见兄长沉浸往事，默然片刻，说道："大哥可随小弟去见见晚村兄。"

黄宗羲回过神来，点头道："不错不错，晚村年纪虽轻，却大名广播，听闻他对天文、谶纬、乐律、兵法、星卜、算术、灵兰、青乌、丹经、梵志之书，无不洞晓。这西湖令人想起许多往事，忘记去见这位新朋了。"

他们说的"晚村"，本名吕留良，晚村是其号，此时正在杭州孤山。

兄弟二人离开西湖，径往吕留良住处而去。

黄宗羲早知吕留良之名，却始终未见，黄宗炎倒是在去年与吕留良再次相遇——吕留良少年时代就在崇德东寺僧舍其兄吕愿良的坐席上拜会过黄宗炎，算来二人相识已有十八九年了。

兄弟二人到得吕留良住处。吕留良早与黄宗炎有约，等候已久，远远见黄宗炎身边还有一五旬文士，知他必是黄宗羲，脸上神色兴奋，疾步而出，对黄宗羲拱手施礼，称其为"先生"，自己则自称"晚生"。

黄宗羲见吕留良三十来岁，器宇不凡，心中喜爱，还礼说道："晚村兄万勿多礼，当日晚村兄与令侄宣忠散家财募义勇，亲冒锋镝，而鲁监国又封令侄为扶义将军，随吴易将军在太湖力抗强敌，皆令人钦佩。算来黄某与晚村兄也是一殿之臣，只是缘悭一面，到今日方见，亦足慰生平了。"

吕留良听年长自己近二十岁的黄宗羲称自己为"兄"，大是惭愧，不过，他原本慷慨豪士，随即微笑，将黄宗羲兄弟请入屋内。

分宾主落座后，小童献上茶来。三人经历相似，思想相似，反清复明之心相同，话题打开，顿时谈得投机。黄宗羲见吕留良身边布置简陋，却无处不是砚台，笑道："晚村兄甚喜砚台？"

吕留良哈哈一笑："此乃晚生平生一喜。"

黄宗羲微微点头，随手从怀中摸出一块八角砚，递上说道："难得与晚村兄一见如故，别无长物，此砚权当见面之礼。"

吕留良大喜说道："晚生恭敬不如从命了。"双手接过，细细观看。

黄宗羲叹息一声，说道："此砚乃西人赠友人梅朗三者，朗三又传给了我。崇祯十五年，黄某赴京赶考，与陆文虎兄同居北湖园读书，曾将此砚赠与文虎兄。其后又辗转回到我手。大明的最后时日，此砚亲历，治乱存亡之间，可堪挥泪啊。"眉目间感伤毕现。

吕留良捧砚于手，说道："'砚'乃'石''见'二字之合。今天下变幻沉沦，顽石也见，晚生之心，便交此砚来观！"

这句话斩钉截铁，黄宗羲连说几个"好"字，抚掌道："有晚村兄此言，黄某就不虚此行了。"三人再聊得半个时辰，看看天色将晚，吕留良留黄宗羲兄弟薄席饮酒，黄宗羲也不欲离去，当夜几人推心置腹，剪烛长谈，直至天色发白，黄宗羲兄弟才拱手告辞。

二

在与吕留良会面的当年，也就是顺治十七年
（1660），黄宗羲作过一次壮游——从家乡出发，
往游庐山，沿途不仅饱览河山，还拜访旧雨新知。

八月十一日，黄宗羲独自出发去庐山，路上想
起名士徐徽之老家就在萧山，即去访问，但徐徽之
也恰出门云游。黄宗羲倒不沮丧，又舟过钱塘江，
前往天章寺拜访在此修行的高旦中。二人见面，
俱感欣喜，难免有渡尽劫波之感。黄宗羲叹息道：
"当年曾巩游此，留下'曲水岂能留往事，南湖空
解照行人'之句，先人的盛世之言，今日却成我等
心中伤痛。"当年钱塘江防线正是鲁王重兵设防之
地，还是被清军轻松击破。二人谈起往事，唏嘘
不已。

离开天章寺后，黄宗羲经过杭州，与吕留良见
了面。其后继续上路，于九月十四日抵达南康（今
江西赣州西部），拜李忠毅公祠。面对前人塑像，
黄宗羲心潮起伏。李忠毅原名李应升，与父亲黄尊
素同列"东林七君子"，乃王阳明再传弟子，在天

启年间因声援杨涟等东林党人，遭阉党嫉恨，于天启六年（1626）被杀于狱中。崇祯帝登位后，追赠太仆寺卿，谥忠毅。从彼时至今日，不过短短三十余年，当年崇祯皇帝扫除阉党、朝廷的气象一新犹在眼前，今日竟翻天覆地，为满清所替，而自己在京师的刺锥拔须之事也恍如隔世。

凝视李忠毅塑像，黄宗羲暗想，李忠毅及其师公王阳明俱世之大才，一生却坎坷难行，问题出在哪里？如果找到答案，大明江山是否会稳如磐石？他不自觉地摇摇头，当年吴钟峦送己归乡时，自己与吴钟峦谈过一些想法，不过谈得不深，也是自己思考尚未成熟所致。此刻面对李忠毅塑像，时时涌动的念头如火星被扇，陡然感到内心涌上燃烧之意。

不过，今番出行，也是渴望再与更多人相会，再走更多地方。当年师父刘宗周循循劝导，读万卷书，走万里路。如今自己算是万卷书已读过，万里路也走过，仍觉读得不够，走得不够。当夜住进开先寺后，遇见一个叫严羽仪的抗清志士，二人言谈投机，竟长夜未眠，一直聊到东方大亮。

翌日，黄宗羲独自前往庐山。庐山胜景颇多，古今文人墨客留句也多，他先至庐山南麓万杉寺。走进之后，寺内冷冷清清，暗想万杉寺素来高僧辈出，宋时有大超禅师，围寺开荒种树，名震当时，先朝也有高僧德昭，登坛讲席，信徒如云，如今冷清得只大殿内一老僧独敲木鱼，明知黄宗羲走入，也不睁眼去看，径自喃喃诵经。黄宗羲站立旁观，良久无言，出寺后转往虎溪岩，访白鹿洞。该洞原为宋时六大书院之一，明朝建为寺，今日来观，见此处比万杉寺更为冷清。黄宗羲随后又经净妙寺，过凌霄岩，最后登上五老峰绝顶。见四处群山起伏，翠意斑斓，景色虽美，却唤不起黄宗羲半分诗意，想到的只是宋时苏轼"不识庐山真面目，只缘身在此山中"的诗句，暗忖苏轼诗句固含哲理，只怕真正想写的是不识自身，如今自己历经半世风云，是否识天下事？是否识数千年历史蕴含的种种玄机？低头沉思良久，似有所感，眼见落日西沉，遂选定万松坪方向下山。

令黄宗羲意想不到的是，在万松坪竟遇见大名鼎鼎的阎尔梅。后者乃崇祯年间举人，在弘光于南京称帝后，投史可法帐下为幕僚，明亡后矢志复国，数年后终感形势难逆，于顺治四年（1647）削发为僧。黄宗羲意外与之相见，意气相投，又是一番长谈。分手后黄宗羲访大林寺，寻虞永兴碑，又游归宗寺，辨真净元社，至玉川门，与雁川夜话，最后给方以智写了一封信。当年的金陵四公子，只余方以智和冒辟疆尚在人世，陈贞慧与侯方域皆亡。方以智四方奔走，颠沛流离，终于放弃少年时的经世抱负，出家为僧。黄宗羲见如此多的仁人志士一个个对现实绝望，心伤不已。

十月，黄宗羲于五老峰下发舟，上云龙寺，探雨花洞。到南京后，仍取水路往崇德，本欲访吕留良，不意后者至外地，高旦中与三弟黄宗会却在城中。三人相遇，感慨颇多，剪烛夜话。黄宗羲本想等到吕留良回来，终是未能等到。到十一月十八日，黄宗羲再次乘舟，返姚江故里。

回乡后算算时日，此次匡庐之游，历时百余日，曾经无数的念头逐渐积聚，在黄宗羲心中形成一种前所未有的思想。现在到了该总结它们的时候了。

三

时间很快，转眼已至康熙元年（1662）五月。居家一年多来，黄宗羲对自己的待写之作日日酝酿，个中思想也日渐成熟，思考之下，还是先准备执笔撰写《明夷待访录》，偶有外出，也不再如先前那般百日不归。五月三日尚未破晓之时，陡听得外面人声鼎沸，黄宗羲睡梦中惊起，四弟黄宗辕已一头冲进，大喊道："旧宅失火了！"黄宗羲"啊呀"一声大叫，翻身下床，望外便奔。

到得门外，家人俱在空坪聚集，远处旧宅已火光冲天。

黄宗羲呆呆看着大火，想着三个月前，自己居住的化安山麓龙虎山堂也遭遇火灾，多部书稿毁于一旦，今日火灾再次出现，呆立片刻后，才大叫一声"速去灭火"，众人也在惊慌失措中缓过神来，跟着前往旧宅灭火。

赶到宅旁时，整个大宅已在大火中倒塌。黄宗羲待火灭后，看着焦黑的满地断木，喃喃道："火焚我宅，难道是天意？"三月内两次火灾，几乎烧尽黄门所有，黄宗羲心中涌上的念头是，此处不再是我居留之所，天下都变，难道我还能守此一宅从事著述？

黄宗羲将残余的东西稍作收拾，将家人一一安抚。母亲姚氏再也承受不住悲痛，大病一场。黄宗羲临时搭建居所，侍候母亲。到了九月，姚氏身体好转，黄宗羲不再耽搁，径自徙往蓝溪市（今浙江余姚陆埠镇）居住。

一间竹屋、一张竹桌和一把竹椅，黄宗羲摒弃一切杂念，专心致志，沉思几千年国史，明朝灭亡，清廷替代，如果所有的朝代兴衰不归乎一家一姓，今日天下，未必会亡。黄宗羲凝目沉思，知道自己的想法实属惊世骇俗，今人未必能知，后世是否能知愿知，也是心中无底，但自己数十年人生累积的想法需要写下来。他磨好墨，蘸饱笔，沉思间忽然想起《周易》爻辞中有"明夷于飞，垂其翼。君子于行，三日不食"之句，所谓"明夷"，就是指有思想之人身处困窘的境地。

黄宗羲嘴里喃喃念道："明夷于飞，垂其翼。明夷于飞，垂其翼……"心中陡然如启开一扇窗口，凝神在书稿首页一笔一画地写下"待访录"三字。不错，若自己的想法不为时人理解，就只能由后世知音"待访"了。

题目写下之后，顿觉思绪如潮，振笔直书："有生之初，人各自私也，人各自利也。天下有公利而莫或兴之，有公害而莫或除之。有人者出，不以一己之利为利，而使天下受其利；不以一己之害为害，而使天下释其害……"

夜晚来临，黄宗羲点起桌上的蜡烛，继续一边沉思，一边奋笔。四下里安静无声，唯有思想的波涛，如雷霆般响在他至深至远的脑海深处。

　　黄宗羲心中陡然如启开一扇窗口，凝神在书稿首页一笔一
画地写下"待访录"三字。

讲学游踪

一

　　人到晚年，只觉时光更为易逝。在时不我待的紧迫之下，黄宗羲日日挥毫，争取早日完成《明夷待访录》。写作之余，他信步到姚江岸边远眺。江上清风习习，远处帆影幢幢，这便是自己亲见的江山。它不再属于大明，但它真的属于大清吗？王朝是什么？为人臣者，最高价值标准就是忠君吗？他已在书上写得清清楚楚：自己入仕的目的，乃是"为天下，非为君也；为万民，非为一姓也"。

　　他远望长流，又想起自己少年时往蕺山求学的情景。刘宗周绝食殉国始终是黄宗羲心内震撼之事。此时自己年岁已高，毕生之学，终须传之后人。眼下万履安亡故已久，其八子万斯年、万斯程、万斯祯、万斯昌、万斯选、万斯大、万斯备、万斯同均拜师黄宗羲。黄宗羲给八人各授一艺，令其精熟。一艺通，百艺通，万氏诸子俱有"名士"之称。

想到学生，黄宗羲心中涌起继承师门、设馆授徒之念。

康熙二年（1663）四月，应吕留良之邀，黄宗羲来到语溪（今浙江桐乡崇福镇），在吕留良的梅花阁设馆，收吕留良之子吕葆中为徒。每每讲学，吕留良、吴之振、吴自牧、高斗魁、黄宗炎等人无不同来，形成吕留良口中的"文会时期"。黄宗羲在讲学之余，还与吴之振、吴自牧、吕留良等人共选一部《宋诗钞》。

在语溪，黄宗羲一待就是三年。在此期间往返余姚多次，经历了三弟黄宗会病故的伤痛和母亲七十大寿的良辰。

康熙三年（1664）四月底，黄宗羲与吕留良、吴之振至常熟探望病入膏肓的钱谦益。随后，与顾麟生访李逊之于赤岸，访熊渔山于乌目。接着，又往吴门访周子佩兄弟。数日后，再与黄宗炎和高旦中上灵岩，弘储禅师召集文荪符、徐昭法、周子洁、邹文江、王双白等人于天山堂纵谈七昼夜。年已五十五岁的黄宗羲对此竟无丝毫疲倦之感。黄宗羲行箧中有文字数篇，徐昭法读过后赞叹道："此真震川也！"他说的"震川"，是明朝嘉靖、隆庆年间的散文大家归有光。

黄宗羲微笑说道："宗羲不敢比之先贤，只是年岁苍老，欲多访旧地，多见故人。"

众人见他脸上虽笑，说得却是感伤，尽皆无言。此时清廷江山稳固，万民人心思安，永历帝死亡已二载，再谈复明，乃无意义之举。对这些遗民来说，经历的事件太多，走过的人生复杂，唏嘘难免，黄宗羲所说的"欲多访旧地，多见故人"确是众人心中所想。

黄宗羲回到语溪，仍于梅花阁授徒，听闻何处尚有故人，便前往相见。康熙五年（1666），黄宗羲因故离开了语溪。

康熙六年（1667）五月，慈溪郑禹梅来拜师学习，黄宗羲将师父刘宗周的著作送给他。一日，黄宗羲踱步庭院，忽闻得一阵烧焦的气味，想起当年家中两次火灾，急步寻找。待他推开一门，见郑禹梅正在焚稿。

黄宗羲一愣，问道："禹梅在焚何物？"

郑禹梅见黄宗羲进来，恭敬起身，说道："师父说过，太先生所言'"意为心之所存"，与阳明良知，俱是未发之中。徒儿听过之后，大受启发，觉得若不将这些旧稿尽数焚毁，如何能跟从师父寻得真意？"

黄宗羲默然片刻，缓声道："学问必以《六经》为根底，游腹空谈，终将无果。"

郑禹梅深受触动，发奋为学。后来，他成为黄宗羲最得意的弟子之一。

是年九月，黄宗羲与当年的蕺山同门姜定庵、张奠夫在绍兴再设讲会，恢复了中断近三十年的"证人书院"，传授师门之学。

二

康熙七年（1668）三月，得宁波诸门生之邀，黄宗羲来到鄞县，仍以刘宗周当年的"证人书院"为名，在广济桥与延庆寺举行两次讲经大会，场面极其盛大。

第二年春天，黄宗羲回到绍兴，寓居于证人书院。

这日黄宗羲出门归来，天色已晚，见书院内站立一人，须发苍苍，身边还带着一个行箧。黄宗羲方始没看清为谁，那人已缓步上前，说道："宗羲兄又去哪里转了？"

黄宗羲这才认出来人，喊道："原来是仲升兄！这是要作甚？"

他称为"仲升兄"的老者姓恽，名日初，号仲升，毗陵（今江苏常州）人，曾与黄宗羲蕺山同门。去年黄宗羲渡江吊刘汋，与恽仲升曾作昼夜剧谈。今年春，恽仲升也搬来绍兴居住，二人时相往来。今日又见，自然高兴，即刻将恽仲升请入内室。

恽仲升落座后，微笑着说道："仲升今晚要离开郡城，特来作别。"黄宗羲询问了一些近事，恽仲升一一作答。

言谈间，恽仲升好像忽然想起一事，说道："若未记错，今年八月，当是宗羲兄六十寿辰，我听说你的弟子郑禹梅和万贞一欲广为征文以贺？"

黄宗羲扶椅腕而起，摇头叹道："先父生年未至半百，我未能为其祝寿，申其一日之爱，宗羲如何敢做五十、六十之寿？我已经跟两弟子说了不必征文。"一声长叹后走到窗前，推窗凝视明月，喃喃道："孤悬之月，望之总觉伤痛！"

恽仲升默然，看着黄宗羲的窗前背影，委实孤独无比。

二人又聊了一会，恽仲升起身告辞。黄宗羲说："我送你吧。"二人边走边聊，来到河边。这时，恽仲升告诉黄宗羲，自己为先师编的《刘子节要》已经完成，希望黄宗羲为此书作序。

恽仲升拉着黄宗羲的手，恳切地说道："如今通晓先师之学者，只有我与宗羲兄两人，我们所论宗旨不可不相同。只是先师言'意'所在，宜稍为通融。"

黄宗羲捻须说道:"先师之所以异于诸儒者,正在于'意',岂可另作发明?仲升兄,宗羲不敢为尊著作序,见谅!"

恽仲升见此,也不好再说什么,就此告别,登舟而去。

三

黄宗羲拒做寿辰,实是心中伤痛难以随时间消逝;当年冬天,在达蓬山观海之时,竟得到五弟黄宗彝病逝的噩耗,更加痛苦难忍。回家办完五弟丧事之后,黄宗羲仍然选择四方讲学。

令黄宗羲终于感觉喜悦的事发生在康熙九年(1670)冬天。该年,黄宗羲一如既往,四方游学。十一月时,得李杲堂、高斗权、元泰初邀请,往天童游览,随后几人又至阿育王寺观舍利。这时邹文江忽从外面进来,颇为激动地对黄宗羲说道:"眉生来信了。"

黄宗羲简直不相信自己的耳朵,屈指一算,与沈眉生已忽忽二十四载未闻音讯了。在友朋遍天下的黄宗羲眼里，沈眉生和陆文虎二人是自己最为念念不忘的友人。接信时手指颤抖，展开一看，果是沈眉生告知自己已从海外返居长洲的讯息。黄宗羲读罢，怆然泪下，随即走至案边，铺开纸笔，挥毫而就一首七律：

> 二十四年相隔绝，风霜吹老别时身。
> 君从樵猎埋名姓，吾夺头颅向剑唇。
> 落月梦中曾痛哭，山岚类处自逡巡。
> 骤闻消息反垂泪，两地犹然未死人。

写完这首，黄宗羲意犹未尽，又再写一首，然后折叠入袋，郑重交给邹文江，"今拜托文江兄将此字转送长洲，嘱咐眉生，取道相会"。邹文江慨然应允，接过后命人将其送往长洲。送信人去后，再无消息。黄宗羲虽渴望见到沈眉生，自己却因授学而无法分身前往。忽忽数年后，到了康熙十四年（1675）八月，终于有人从长洲辗转至黄宗羲讲学之所，送上沈眉生四月二十日手书，方知沈眉生已于五月三日病逝。手捧沈眉生绝笔,黄宗羲泪下如雨,痛惜未能亲赴长洲相见。

受此打击,黄宗羲自觉来日无多,埋头早已动笔的另一部巨著《明儒学案》的撰述。这部著作于康熙十五年(1676)十月完成。看着眼前多达六十二卷的书稿,黄宗羲只觉心中涌起苍老之感,他原本计划再撰《宋元学案》,却是寒风入窗,禁不住浑身哆嗦,喃喃说道:"吾老矣、老矣,该与眉生兄相会了。"

夕阳西下

一

时间又过了两年，康熙十七年（1678）来临。六十九岁的黄宗羲携弟子万斯同和幼子黄百家前往海宁龙山墓祭徐石麒衣冠冢。

到得冢前，黄宗羲肃容而拜，沉入回忆，对万斯同和黄百家喃喃说道："徐大人三十三年前本在嘉兴城外船上居住，在嘉兴城即将失守时，到城墙下对守军喊道：'我大臣，不可死野外，当与城共存亡！'于是入城。城破之日，徐大人身着朝服自缢死，遗体为僧真实所藏，二十多日后入殓，'颜色如生'。隆武帝时，谥徐大人'忠襄'。今吾已老，日日怀思旧人，你们未曾见过徐大人，今日拜他一拜罢。"

黄百家和万斯同听得又是感伤，又是心绪激烈，点燃香烛，双双跪于冢前叩头。

二人起身之后，黄宗羲凝视墓冢，上前手抚墓顶，眼中隐隐含泪，低声说道："徐大人当年以身殉国，宗羲却苟活至今，实乃愧怍！"他又重重按按墓顶，沉思片刻，转头对黄百家和万斯同说道："天下万民归田，衣食俱全，今日清廷，实比当年大明更厚百姓，只是吾之一生，断不能转事清廷。"他停了片刻，低声叹道："清廷不久前诏征'博学鸿儒'，掌院学士叶文敏公以我名禀奏皇帝，并移文吏部，幸赖吾门生陈锡嘏代为力辞，方免去此事。若是不然，如何有脸来拜徐石麒大人在天之灵！"

黄百家和万斯同都能体会黄宗羲此刻的复杂心绪，均不敢接言。

黄宗羲抬眼望天，思索良久，转身再看二人，说道："吾不事清廷，可天下终是清廷天下，若有益于民之事，你们可以去做。"

黄百家和万斯同吃了一惊，在他们眼中，身为父亲和师父的黄宗羲始终与清廷划下泾渭分明的鸿沟，今日却允许他们为清廷做事，自然，前提是"有益于民"，但不论怎样，实是大出意料。

黄宗羲又转头凝视徐石麒墓冢，低声说道："徐大人以身殉国，丹心可佩，后人做为民之事，亦为千秋，徐大人九泉之下，当懂宗羲之心。"他一边说，一边将手握成拳，像是欲将内心的想法攥紧不放。

天空依旧，青山依旧，流水依旧，人的容颜却不再依旧，人的衣冠更不得不随天下大变而改。黄宗羲反手将拖在脑后的辫子握在手里，仰天看着夕阳沉落，像是自言自语地说道："大丈夫行事，论是非，不论利害；论顺逆，不论成败；论万世，不论一生。"

次年，监修《明史》总裁徐元文延请万斯同参与修史。万斯同到京后，坚持"以布衣参史局，不署衔，不受俸"，得到清廷的同意。当初万斯同北上时，黄宗羲写诗送别，有句云："四方声价归明水，一代贤奸托布衣。"万斯同最终也不负黄宗羲的厚望，为《明史》的修成做出了巨大的贡献。

二

时光流逝，黄宗羲日渐苍老。康熙十九年（1680），康熙皇帝命浙江督抚"以礼敦请"黄宗羲入京修史，黄宗羲以老病辞谢。皇帝又下特旨："凡黄宗羲有所论著及所见闻，有资《明史》者，着该地方官钞录来京，宣付史馆。"就在这年，黄宗羲集中精力，自订《南雷文案》，授门人万斯大核校，郑禹梅作序。

黄宗羲年岁愈高，声名愈广，前来拜访的故人和故人之子络绎不绝，求诗索文者也接二连三。黄宗羲一边奋笔为书，一边继续游访各地。康熙二十二年（1683）三月，黄宗羲又至杭州，参与修纂《浙江通志》。一日，王九公邀集毛会侯、许霜岩、王廷献等友人泛舟西湖。众人均经历两朝，身逢大变，无论哪次相聚，无不百感交集。黄宗羲赋诗志感：

惨淡湖光亦自妍，烟中红叶雨中船。

数声新雁难分字，一曲吴骚累折弦。

坐上已多迁谪意，游情不似太平年。

雪泥鸿爪知无定，相对那能不黯然？

　　七月二十七日傍晚，黄宗羲与几个友人渡江。听得其中一位友人说万充宗也寓居杭州，黄宗羲非常高兴，打算择日相见。万充宗就是万履安第六子万斯大，充宗是其字，入黄宗羲门下多年，为人刚毅质直。

　　忽然，岸上有人呼喊这位友人的名字。众人循声看去，岸上站着这位友人的家仆。

　　船靠岸后，那家仆脸色惊慌，说话结结巴巴："万、万充宗先生去世了。"

　　众人闻言大惊。黄宗羲站起来，身子一摇，险些摔倒。友人将黄宗羲扶下船来。黄宗羲对那家仆瞪目问道："你说充宗去世了？此讯何处得来？"

　　那家仆赶紧说是万家派人已至，此时正在府中等候。

　　紧接着，黄宗羲跟着万家来人赶至万斯大的寓所。黄宗羲看到爱徒遗体，只见容颜如生，眼泪抑制不住地淌下。回想整整五十多年前，自己从南京回到黄竹浦后，陆文虎与万履安特意从宁波来见，自此肝胆相照，堪为毕生知己。当初弟弟黄宗炎被捕，若非万家父子相救，定然早被处死。万斯大在自己门下，对经学研究极深，素为自己喜爱。自己已经是七老八十的人，死了才是正常的事情，而爱徒万斯大却只得寿五十一岁。今年正月，万斯大还到南雷里拜见，没想到一别之后，竟然天人永隔！

夕阳照在万斯大棺椁上，旁人无不流泪。

三

黄宗羲没有想到，他不仅送走自己的徒儿，还将送走自己的弟弟黄宗炎和次子黄正谊。前者于康熙二十六年（1686）谢世，后者于康熙三十二年（1693）亡故。黄宗羲心中痛苦，日益怀念与自己当年出生入死的旧人，他们大都已不在人世。某夜黄宗羲痛哭而醒，竟是梦见当年一起上阵杀敌的王正中。

康熙三十三年（1694）八月，年已八十五岁的黄宗羲终于卧床不出。一日传来弟子万斯选的死讯，黄宗羲悲不自胜，对身边照顾自己的三子黄百家说道："甬上从游，能续蕺山之传者，惟斯选一人，而今已矣！"一边说，一边泪珠滚滚。黄百家也悲伤不已。黄宗羲艰难地说道："斯选去世，为父当亲自为其撰铭。"黄百家大惊，想要劝止，黄宗羲已慢慢起身，命黄百家身边磨墨，为万斯选写下墓志铭。

将墓志铭寄走未过多久，八月二十九日，黄百家走进父亲房内，痛哭不已。

黄宗羲心头怆痛，嘴唇微抖："出了何事？"

黄百家跪下哭道："大哥病逝了。"

黄宗羲眼睛闭上，泪水从中涌出，时方仲秋，只觉浑身寒冷，再也说不出一句话来。

翌年七月二日，黄宗羲久病之后，忽感神志无比清醒，招手对黄百家及床前家人说道："我大限已至，终于可以瞑目了。"

黄百家等人赶紧跪于床前，喊道："爹！今日不是身体好多了吗？"

黄宗羲轻叹一声，摇摇头说道："我死后，即于次日抬至墓中，敛以时服，只需一被一褥，不可有增。安放石林，不用棺椁，不作佛事，不做七七，凡鼓吹、巫觋、铭旌、纸幡、纸钱，一概不用。"

黄百家惊慌说道："爹……"

黄宗羲声音始终平静："为父今八十有六，年纪到此，可死；自省平生虽无善状，亦无恶状，可死；于先人未了，亦稍稍无歉，可死；一生著述未必尽传，自料亦不下古之名家，可死。如此四可死，死真无苦矣！"

说罢，黄宗羲闭上双眼，鼻端间呼吸如常。

黄百家及家人都在床边站立，忍住无端上涌的眼泪。窗外一抹夕阳从窗口照进，落在黄宗羲清癯无比的脸上，落在房间的床上、桌上、椅上，落在一卷卷书册之上。众人只觉房内弥漫一股从天而降的温暖余晖，一丝丝渗入自己布满伤痛的内心。

第二日卯时，黄宗羲停止呼吸，离开了这个令他悲多欣少的人间。

黄百家及家人都在床边站立，忍住无端上涌的眼泪。窗外
一抹夕阳从窗口照进，落在黄宗羲清癯无比的脸上。

黄宗羲
生平简表

●◎明万历三十八年（1610）

八月八日，黄宗羲出生。父，黄尊素；母，姚氏。

●◎崇祯元年（1628）

五月，黄宗羲在刑部锥刺许显纯，并殴崔应元胸，拔其须，归而祭之黄尊素神位前。

●◎崇祯二年（1629）

黄宗羲拜师蕺山，承刘宗周"慎独"之学。

●◎崇祯三年（1630）

黄宗羲送祖母卢氏至南京。加入复社。秋闱落榜，南归。

●◎崇祯六年（1633）

黄宗羲赴杭州读书。

●◎崇祯十七年（1644）

北京沦陷。南京福王登基。黄宗羲前往南京，是时阮大铖造册拘捕黄宗羲，遂返浙东。

●◎清顺治二年（1645）

黄宗羲举义招兵，迎鲁王。

●◎顺治三年（1646）

五月，黄宗羲率军攻取潭山。六月，鲁王兵败。黄宗羲驻军杖锡寺。山寨被山民所毁，举家迁居化安山。

●◎顺治六年（1649）

黄宗羲追随鲁王至海上，被封左副都御史。七月护送鲁王至健跳所。十月，奉令乞师日本。

●◎顺治十三年（1656）

与沈尔绪兴兵抗清，败回。

●◎顺治十七年（1660）

作匡庐之游，历时逾百日。

●◎康熙元年（1662）

撰写《明夷待访录》。

●◎康熙十四年（1675）

编成《明文案》。

●◎康熙十七年（1678）

清廷诏征"博学鸿儒"，弟子陈锡嘏代为力辞。登龙山，拜徐忠襄墓。

●◎康熙三十二年（1693）

编成《明文海》，共四百八十二卷。

●◎康熙三十四年（1695）

七月三日，黄宗羲逝世，年八十六岁。